전국 현직 영어선생님께서 적극 추천하는 책

영어일기

김 선 윤 지음

이제, 세상은 인터넷 세상.
영어 못하면 정말 곤란해요.

친구들하고 이메일 주고받으세요?

한다구요. 그럼 채팅도 하겠네요.

인터넷은요? 안 한다구요. 에이, 못 하는 거겠죠. 영어를 모르니까 인터넷을 포기하는 거잖아요?

영어로 편지와 일기만 쓸 수 있다면 쉬운 문제죠. 영어로 자기의 생각을 표현할 수만 있다면 우리가 할 수 있는 일이 얼마나 많을까? 레오나르도 디카프리오한테 이메일도 보내고, 세계 각국의 친구들하고 채팅도 하고…… 또 자신의 이야기를, 생각을 지구촌 모두에게 알릴 수도 있고…….

그래요. 우리는 지금, 옛날이라면 전혀 상상할 수도 없는 인터넷 세상을 살고 있고, 또 살게 될 겁니다.

그렇다면 지금 우리에게 가장 필요한 능력은 무엇일까요?

영어요? 네, 바로 영어 능력입니다. 영어를 구사할 수 없으면 우리는 꼼짝없이 지구촌 개구리가 되고 마는 것입니다.

다가오는 새로운 21세기는
우리에게 놀라운 변화를 요구하고 있습니다.

컴퓨터와 통신 기술의 놀라운 발달은 우리의 눈을 팽팽 돌게 만들고 하루가 다르게 변하는 주변 환경은 지구가 마치 한 동네인 것처럼 움직이게 하고 있습니다. 우리는 싫든 좋든 인터넷을 통해 세계인을 상대로 정보와 지식을 얻고, 치열한 경쟁을 하고, 비즈니스를 해야 하는 그런 생존 경쟁의 장에 던져지고 있는 것입니다.

이제 영어는 우리가 선택하는 요소가 아니라 세상을 살아가기 위해 필수적으로 익혀야만 하는 필요 충분 요소인 것입니다.

영어가 쉽다고 하는 사람은 나쁜 사람입니다.
단지 영어를 쉽게 배울 수 있는 방법이 있을 뿐입니다.

영어를 포함한 외국어를 배우는 가장 쉬운 방법은 습관을 들이는 것입니다. 기적 같은 방법은 있을 수가 없습니다. 미련하다 싶을 정도로 꾸준히 하는 것보다 좋은 방법은 없습니다 .

이 책은 여러분이 영어를 싫증내지 않고 꾸준히 공부할 수 있도록 도와 줍니다.

누구나 처음부터 잘 할 수는 없습니다. 특히 외국어는 머리 속에 저장하는 게 아니고, 몸에 배이게 하는 것이기 때문에 아는 것 같다가도 잊어버리기 일쑤입니다. 무조건 반복, 반복하십시오.

마지막, 한 가지 더. 잘 안 된다고 포기하지 마십시오. 수없이 짜증나는 게 영어입니다. 처음부터 차곡차곡 조금씩, 조금씩 하십시오.

시간 날 때마다 자꾸 들춰 보십시오. 그것도 아주 소중한 공부입니다.

이제, 저와 약속하십시오. 날마다 조금씩 하겠다고.
저도 약속드립니다. 쑥쑥 늘어난 당신의 영어 실력을.

Good luck.

글 쓴 이

이 책을 공부하는 방법

이 책은 본문일기, 문법, 학생들의 일기, 그림이나 문화코너 등으로 구성되어 있습니다. 본문 일기는 아래 그림과 같이 구성되어 있는데,

Diary1, 2..등은 이 책에 수록된 일기의 순서를 나타냅니다.

Date(날짜)는 학생들의 학교 생활을 기준으로 하여 3월에 시작하여 2월에 끝을 맺는 순으로 이루어져 있습니다.

Weather(날씨)는 그 달과 계절에 맞게 쓰여져 있습니다.

Body(본문)은 하나의 주제에 따라 일기 내용이 구성되어 있으며 일기의 주제는 한 학년이 시작되는 3월부터 학교의 활동과 계절, 중학생들의 흥미에 초점이 맞춰져 있습니다. 한 달에 두 개의 영어 일기를 써서 우리 학생들이 다양한 주제의 영어일기를 접하도록 구성하였습니다.

학생들이 앞의 일기를 참고로 하여 스스로 일기를 써 볼 수 있도록 구성되어 있습니다.

본문풀이는 우리 학생들이 먼저 스스로 본문을 해석해 본 후 내용을 확인할 수 있도록 구성하였습니다.

New words는 본문에 나온 새 단어를 풀이해 놓아 따로 영어 사전을 찾지 않고도 새 단어를 익힐 수 있습니다.

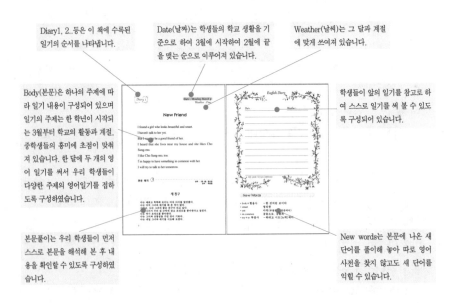

한달에 두 개의 영어일기를 써서 우리 학생들이 다양한 주제의 영어일기를 접하도록 구성하였습니다.

이 코너는 일기 본문에 나온 Grammer(문법)을 자세히 설명해 놓았습니다.

'다음 문장을 완성해 보세요'의 코너를 통해 앞에서 공부한 문법을 다시 한 번 정리할 수 있도록 구성하였습니다. 정답은 이 책의 제일 마지막에 있습니다.

이 코너는 실제 우리 학생들 또래의 친구들이 쓴 일기로 구성되어 있어 다른 친구들은 어떤 실수를 하는지 자신의 일기와 비교 점검할 수 있고 또한 영어 일기에 대해 막연히 어렵게만 생각하는 친구들은 자신감을 얻을 수 있을 것입니다.

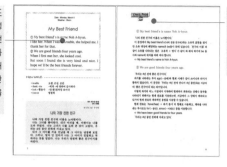

학생들 일기의 잘못된 부분을 수정해 주는 코너를 통해 학생들이 자주하는 실수를 점검할 수 있고 다양한 표현법등을 쉽게 익힐 수 있을 것입니다.

이 코너는 한 가지의 단어가 여러 의미로 사용되고 있는 기본적인 동사들을 예문을 통하여 쉽게 설명해 놓았습니다. 이 코너를 통해 기본 동사들의 폭넓은 사용법을 익힐 수 있을 것입니다.

실제 생활에서 꼭 필요한 회화들을 상황별로 구성해 놓았습니다.

각 달마다 우리 학생들이 영어로 일기를 직접 쓸 수 있는 코너를 마련하여 학생들이 뒷부분으로 넘기지 않고도 각 달의 일기를 참고로 하여 자신의 생활을 자연스럽게 영어로 표현할 수 있도록 구성되어 있습니다.

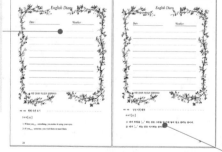

영영사전 보기는 우리 학생들에게 친숙하고 기본적인 단어들의 뜻을 영어로 접하므로써 영영사전과 친숙해 질 수 있고 영영사전 보는 기초를 다질 수 있을 것입니다. 영어로 풀이된 각 단어들에 대한 한글 해석은 그 다음 페이지에 수록되어 있습니다.

차례

영어일기 2

차례

7

영어 일기는 어떻게 써야 할까요?

일기란 하룻동안 일어난 일에 대한 자신만의 기록이므로 특별한 형식이나 내용이 있는 것은 아닙니다. 그러나 보통 언제의 일기인지를 알 수 있도록 date(날짜)와 weather(날씨)를 쓴 후에 body(본문)를 씁니다.

date(날짜) 쓰는 법

1) 날짜는 요일, 월, 일, 날씨 순으로 표기하거나 요일을 뒤로 해서 월, 일, 요일, 날씨 순으로 쓰기도 합니다.

ex) Monday, March 3 Fine   3월 3일 월요일, 맑음
     March 3, Monday Fine   3월 3일 월요일, 맑음

2) 날짜는 기수로 표현하거나 몇 번째 날의 의미로 서수로 표현하기도 합니다.

ex) Monday, March 3 Fine   3월 3일 월요일, 맑음
     Monday, March third Fine   3월 3일 월요일, 맑음

3) 날짜는 간단하게 줄여서 약어로 표현하는 경우가 많습니다. 약어를 쓸 때는 .(period)를 찍어 약어임을 나타내 줍니다.

	정식	약식		정식	약식
1월	January	Jan.	7월	July	Jul.
2월	February	Feb.	8월	August	Aug.
3월	March	Mar.	9월	September	Sep.
4월	April	Apr.	10월	Octorber	Oct.
5월	May	May	11월	November	Nov.
6월	June	Jun.	12월	December	Dec.

	정식	약식			정식	약식
월요일	Monday	Mon.	금요일		Friday	Fri.
화요일	Tuesday	Tue.	토요일		Saturday	Sat.
수요일	Wednesday	Wed.	일요일		Sunday	Sun.
목요일	Thursday	Thu.				

body(본문) 쓰는 법

1) 일기는 자기 자신의 생활에 대한 기록이므로 굳이 '내가 ~했다' 혹은 '나는 ~한다' 의 '나' 를 주어로 하지 않아도 행위자가 '나' 임을 알 수 있는 글이기에 주어 'I' 를 생략하는 경우가 많습니다. 그러나 '나' 라는 행위의 주체를 강조하고 싶을 경우에는 'I' 를 사용합니다.

ex) Got up late this morning.
　　「오늘 아침 늦게 일어났다.」
　　I bought this cookbook for my mom.
　　「나는 엄마에게 이 요리책을 사드렸다.」

2) 일기는 하룻동안의 일을 정리, 반성하며 밤에 쓰는 경우가 많기 때문에 일기에 나타난 대부분의 시제는 과거가 됩니다. 그러나 매일매일 반복되는 일이나 습관은 현재 시제로 표현해 줍니다.

ex) Went shopping to the department store with my mom.
　　「엄마랑 백화점에 쇼핑하러 갔다.」
　　I go to church every Sunday.
　　「나는 매주 일요일에 교회에 간다.」

일기는 일정한 형식이 정해져 있는 글이 아니기 때문에 자신의 취향에 맞게, 자신에게 편안한 대로 쓰면 됩니다. 일기는 형식보다는 일기를 쓴다는 그 자체와 일기의 내용이 중요하므로 형식을 갖추려고 애쓰기보다는 하루도 빠짐없이 쓰려고 노력하는 자세가 더 중요합니다.

The weather(날씨)

Snowy   Sunny   Cloudy   Rainy

날씨를 '맑음(sunny)' '비(rainy)'와 같이 한 단어로 표현하는 것이 아니라
문장으로 표현하기 위해서는 비인칭 주어 It를 사용합니다.

It was very hot today.   오늘은 매우 더웠다.
It was rainy after cloudy.   흐린 뒤에 비가 왔다.

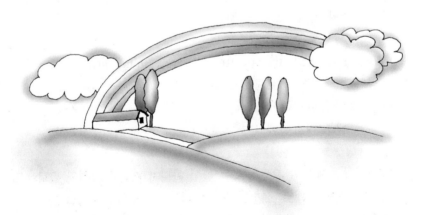

한글의 로마자 표기법

우리는 사람에 따라 같은 장소나 이름을 다르게 표현하는 것을 가끔 볼 수 있습니다. 이렇듯 우리의 이름이나 지명 또는 유적지 등의 이름을 영어로 표기하는 것은 쉽지 않습니다. 다음은 교육부에서 정한 고유 명사의 표기법입니다.

영어에는 '여, 애' 등의 표기가 없기에 외국인이 발음하기는 쉽지 않지만 우리 나라 안에서는 도로 표지판 등에 가장 일반적으로 사용되고 있는 고유 명사의 영어 표기법입니다.

단모음	ㅏ	ㅓ	ㅗ	ㅜ	ㅡ	ㅣ	ㅐ	ㅔ	ㅚ		
	a	ŏ	o	u	ŭ	i	ae	e	oe		
중모음	ㅑ	ㅕ	ㅛ	ㅠ	ㅒ	ㅖ	ㅢ	ㅘ	ㅝ	ㅙ	ㅞ	ㅟ
	ya	yŏ	yo	yu	yae	ye	ŭi	wa	wŏ	wae	we	wi
파열음	ㄱ	ㄲ	ㅋ	ㄷ	ㄸ	ㅌ	ㅂ	ㅃ	ㅍ		
	k/g	kk	k'	t/d	tt	t'	p/b	pp	p'		
파찰음	ㅈ	ㅉ	ㅊ								
	ch/j	tch	ch'								
마찰음	ㅅ	ㅆ	ㅎ								
	s/sh	ss	h								

비음	ㅁ	ㄴ	ㅇ	유음	ㄹ
	m	n	ng		r/l

✐✐ 위의 표를 참고하여 자신의 이름과 주소를 영어로 써 보세요.

My name is _____ .

My address is _____ .

❖ 주소는 번지, 동, 구, 시 순으로 씁니다. (작은 공간부터 큰 공간 순으로)

✐✐ 담임 선생님 성함과 친한 친구 이름을 영어로 써 보세요.

My teacher's name is _____.

My best friend's name is _____.

✐✐ 다음을 한글의 로마 표기법을 참고하여 영어로 써 보세요.

이상민_____

박찬호_____

이정현_____

감우성_____

❖ 한글 이름을 영어로 표기할 때, 미국·영국과 같은 영어권 나라들의 표기 방법에 따라 성을 이름 뒤에 써 왔으나(Min-ju Lee) 현재는 우리의 이름은 우리의 고유한 표기 방법인 성과 이름 순으로 쓰되 띄어 쓰고, 이름 사이에는 -(짧은줄표)를 넣습니다(Lee Min-ju).
다만, 한자식의 이름이 아닌 경우에는 '-'를 생략할 수 있습니다.

서울시 서초구 서초동 1420-6

_____

부산시 동래구 길동 미성APT 37동 905호

_____

전라남도 여수시 문흥동 422번지

_____

잠실 중학교

_____

공주 중학교

_____

English Diary
2

New Friend

I found a girl who looks beautiful and smart.

I haven't talk to her yet.

But I want to be a good friend of her.

I heard that she lives near my house and she likes Cho Sung-mo.

I like Cho Sung-mo, too.

I'm happy to have something in common with her.

I will try to talk to her tomorrow.

본문 해석

날짜 : 3월 5일, 월요일
날씨 : 화창함

새 친구

나는 예쁘고 똑똑해 보이는 여자 아이를 발견했다.
나는 아직 그녀와 얘기를 해 본 적이 없다.
그러나, 나는 그녀의 좋은 친구가 되고 싶다.
나는 그녀가 우리 집 근처에 살고 조성모를 좋아한다고 들었다.
나도 역시 조성모를 좋아한다.
나는 그녀와 공통점을 가진 것이 기쁘다.
나는 내일 그녀와 얘기를 시도해 보겠다.

English Diary

Date : _____   Weather : _____

_____

_____

_____

_____

_____

_____

_____

_____

_____

★ 쉬운 단어로 자신있게 표현하세요!

New Words

- look + 형용사   ～한 것처럼 보이다
- smart   영리한
- yet   아직 (부정문, 의문문에서)
- in common   공동으로, 공통의
- try + to 부정사   ～하려고 시도 [노력] 하다

과거 시제

동사의 과거형을 만들때「동사 원형 + ~(e)d」의 규칙을 따르지 않는 동사들이 있습니다. 이러한 예외 동사들을 우리는 '불규칙동사' 라고 하는데 일정한 규칙은 없지만 많이 사용되는 동사이니 꼭 외워 두세요.

have	→	had	go	→	went
see	→	saw	get	→	got
give	→	gave	come	→	came
eat	→	ate	take	→	took
do	→	did	buy	→	bought
keep	→	kept	read	→	read
write	→	wrote	swim	→	swam
cut	→	cut	teach	→	taught
become	→	became	feel	→	felt
keep	→	kept	think	→	thought
say	→	said	know	→	knew
hear	→	heard	make	→	made

I had a ball in my hand.
「나는 손에 공을 가지고 있었다.」
Ann went to the movies.
「앤은 영화를 보러 갔다.」
They gave me gifts.
「그들은 나에게 선물들을 주었다.」
David did a lot of work last week.
「데이비드는 지난 주에 많은 일을 했다.」

☞ 다음 문장을 완성하시오.

1) 나는 아침에 신문을 읽었다.

I _____ a newspaper this morning.

2) 세라는 열쇠를 잃어버렸다.

Serah _____ a key.

3) 그는 지난 달에 차를 샀다.

He _____ a car last month.

4) 그녀는 치과 의사가 되었다.

She _____ a dentist.

5) 에반은 페니에게 편지를 썼다.

Evan _____ a letter to Penny.

6) 나는 어제 우울했다.

I _____ blue yesterday.
(feel blue 우울하다)

7) 나는 어젯밤에 일기를 썼다.

I _____ a diary last night.
(keep a diary 일기 쓰다)

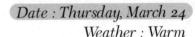

My Complex

I'm too fat. I really like to eat. I don't care what kinds of food. My mother says "If you eat like that, you can't wear nice clothes." I agree with her, but I can't stop eating.

I've tried dieting but I'm not patient enough.

Also, I'm too short. My mom and dad are also short.

I worry I'll stay short like my parents. My complex makes me withdrawn. I'm so sad.

본문 해석

날짜 : 3월 24일, 목요일
날씨 : 따뜻함

나의 컴플렉스

나는 너무 뚱뚱하다. 나는 먹는 것을 정말 좋아한다. 난 어떤 음식이든 상관이 없다. 어머니는 "너 그렇게 먹으면, 예쁜 옷을 입을 수가 없어."라고 말씀하신다. 나도 어머니 말씀에 동의하지만, 먹는 것을 그만둘 수가 없다. 나는 다이어트를 시도해 봤지만, 인내심이 부족했다. 나는 또한 너무 작다. 엄마, 아빠 역시 키가 작으시다. 나는 부모님처럼 키가 크지 않을까봐 걱정이다. 난 컴플렉스 때문에 의기소침해진다. 나는 너무 슬프다.

English Diary

Date : _____   Weather : _____

_____

_____

_____

_____

_____

_____

_____

_____

★ 쉬운 단어로 자신있게 표현하세요!

New Words

- fat   뚱뚱한   • I don't care   상관없다
- agree with   ~와 동의하다
- diet   음식;식이요법, 다이어트
- patient   인내심이 강한;참을 수 있는
- enough   ~하기에 충분한   • withdrawn   의기소침한

My Best Friend

① My best friend' s is name Noh A-hyun.
I like her. When I was in trouble, she helped me. I thank her for that.
② We are good friends four years ago.
When I first met her, she looked cool.
But soon I found she is very kind and nice. I hope we' ll be the best friends forever.

New words

- trouble   고생, 근심, 곤란
- thank ~for   ~에게 ~에 대하여 감사하다
- look +형용사   ~인(한)것처럼 보이다
- forever   영원히

날짜 : 3월 5일, 월요일
날씨 : 따뜻함

잠실중 2년 우지연

나의 가장 친한 친구

나의 가장 친한 친구의 이름은 노아현이다.
나는 그녀를 좋아한다. 내가 어려울 때, 아현이는 나를 도와 주었다. 나는 그녀가 나를 도와 준 것이 고맙다. 우리는 4년 동안 친하게 지내고 있다.
내가 그 아이를 처음 만났을 때 그 아이는 냉정해 보였다. 그러나, 얼마 안 있어서 나는 그 아이가 친절하고 착하다는 것을 알았다. 나는 우리가 영원히 좋은 친구이기를 바란다.

① My best friend's is name Noh A-hyun.

'나의 친한 친구의 이름은 노아현이다.'

이 문장에서 My best friend's(나의 친한 친구의)라는 소유격 표현을 썼지만 소유 대상에 해당되는 name은 be동사 뒤에 있습니다. '친구의 이름'과 같이 소유를 나타내는 말은 '소유격 + 명사'가 같이 와 줘야 하기에 be 동사와 name의 위치를 바꿔 써야 합니다.

⇨ My best friend's name is Noh A-hyun.

② We are good friends four years ago.

'우리는 4년 전에 좋은 친구이다.'

과거를 나타내는 부사 ago(~전에)와 현재 시제가 같이 쓰이니까 의미가 통하지 않습니다. 이 문장은 '우리는 4년 전에 만나서 4년 동안(혹은 지금까지) 좋은 친구이다'라는 의미입니다.

이렇게 과거의 어느 시점에서 시작하여 현재까지 계속되는 상태나 동작을 나타내기 위해서는 현재 완료를 사용하는데, 지금까지 그 상태가 계속되고 있기에 현재 완료의 계속적인 용법을 사용할 수 있습니다.

현재 완료는 'have(has) + 과거 분사'의 형태로 사용하고, 계속을 나타내는 부사로는 for(~동안), since(~이래로) 등을 사용합니다.

⇨ We have been good friends for four years.

'우리는 4년 동안 친하게 지내고 있다.'

소 개

Sue :	Mom, I'm coming back.
	엄마, 저 왔어요.
	Where are you?
	어디 계세요?
Mom :	Hi, Sue. I'm in the kitchen
	안녕, 수. 나는 부엌에 있어.
	How was today?
	오늘 어떻게 지냈니?
Sue :	It was a great day, and I took my new friend.
	멋진 하루였어요, 그리고 저는 새 친구를
	데려왔어요.
	Let me introduce my new friend.
	제 새 친구를 소개해 드릴게요.
	Mom, this is Timika.
	엄마, 이 애는 티미카에요.
	Timika, this is my mom.
	티미카, 이 분은 우리 엄마셔.
Mom :	Nice to meet you.
	만나서 반가워요.
Timika :	Glad to meet you. I've heard a lot about you on the way your home.
	만나서 반갑습니다. 저는 집에 오는 길에 어머니에 대해 많이 들었어요.

Mom : What did she talk about me?
나에 대해 뭐라고 말했어요?

Timika : You're a really generous person and also the best cook.
아주 인자하시고요, 최고의 요리사라구요.

Mom : Okay, I'll make some mouth-watering food.
Anyway, what's your family name?
좋아요, 군침이 도는 음식을 만들어 주지요.
그건 그렇고, 성은 어떻게 되죠?

Timika : My family name is Vernardo.
제 성은 베르나르도에요.
Timika Vernardo.
티미카 베르나르도.

Mom : What a beautiful name!
예쁜 이름이네요.
Please make yourself at home.
편하게 있어요.

Timika : Thank you very much.
대단히 감사합니다.

English Diary

Date : _____   Weather : _____

_____

_____

_____

_____

_____

_____

_____

_____

_____

_____

★ 쉬운 단어로 자신있게 표현하세요!

●◆ ●◆ 영영 사전 보기

See[siː]

1) When you see something, you notice it using your eyes.

2) If you see someone, you visit them or meet them.

26

English Diary

Date : _____   Weather : _____

_____

_____

_____

_____

_____

_____

_____

_____

_____

_____

★ 쉬운 단어로 자신있게 표현하세요!

●◆ ●◆   영영 사전 보기

do[du:]

1) When you do something, you take some action or perform an activity or task.

2) If you do something about a problem, you take actions to try to solve it.

English Diary

Date : _____   Weather : _____

_____

_____

_____

_____

_____

_____

_____

_____

_____

_____

★ 쉬운 단어로 자신있게 표현하세요!

◆◆ ◆◆ 영영 사전 해석

See[siː]

1) 네가 무엇인가를 "see" 할 때 너는 그것을 알아본다는 것이다.

2) 네가 누군가를 "see" 한다는 것은, 네가 그 사람을 방문하거나 그 사람을 만난다는 것이다.

English Diary

Date : _____   Weather : _____

_____

_____

_____

_____

_____

_____

_____

_____

_____

_____

★ 쉬운 단어로 자신있게 표현하세요!

●➡ ●➡   영영 사전 해석 ···

do[duː]

1) 네가 무엇인가를 "do"한다는 것은 어떤 행동을 취하거나, 어떤 일이나 활동을 수행한다는 것이다.

2) 네가 어떤 문제에 대해 무엇인가를 "do" 한다는 것은 네가 그 문제를 해결하기 위해(풀기 위해) 행동을 취한다는 것이다.

April Fools' Day

On my way to school, I met my classmate. He said to me "Your zipper is opened." I was so surprised and my face turned red. But after a moment, I realized that today is April Fools' Day.

We all decided to change our classmates with our junior except for the class president in Korean class. We were quite excited. But our Korean teacher was very angry with us. He scolded us for an hour. It was terrible!

I hope our teachers will be more open-minded and try to understand us.

본문 해석

날짜 : 4월 1일, 월요일
날씨 : 흐림

만우절

학교 가는 길에 나는 같은 반 친구를 만났다. 그는 나에게 내 바지의 지퍼가 열렸다고 말했다. 나는 너무 놀라서 얼굴이 빨개졌다. 그러나 얼마 후에 나는 오늘이 만우절이라는 것을 깨달았다. 국어 시간에 우리는 반장만 빼고 반 친구들을 저학년과 바꾸기로 결정하였다. 우리는 매우 재미있어했다. 그러나 국어 선생님은 우리에게 매우 화가 나셨다. 선생님은 한 시간 동안 우리를 꾸짖으셨다. 그것은 정말 지독한 일이었다. 나는 선생님들이 좀더 허심탄회해지시고 우리를 이해하시려고 노력해 주시기를 바란다.

English Diary

Date : _____   Weather : _____

_____

_____

_____

_____

_____

_____

_____

_____

_____

_____

★ 쉬운 단어로 자신있게 표현하세요!

New Words

- realize   깨닫다
- change A with B   A를 B와 바꾸다
- junior   저학년
- class president   반장
- open-minded   개방적인, 허심탄회한

- decide   결정[결심]하다

- except   ~을 제외하고
- scold   꾸짖다

관 사

　a / an이나 the와 같이 명사 앞에 위치하여 그 명사를 한정해 주는 품사를 '관사'라고 합니다.

　관사에는 a / an과 같이 '꼭 이것'이라고 정해지지 않은 것을 나타내는 부정관사(부정은 '정해지지 않은'의 의미임)와 the와 같이 특정한 것을 가리키는 정관사가 있습니다. 부정관사는 셀 수 있는 명사 앞에 와서 '하나의, 한 개의'의 의미를 지니고 있지만 보통 해석하지 않습니다.

There is a book on the table. 「탁자 위에 책이 있다.」

　명사 중 발음이[a / e / i / o / u]로 시작되는 단어 앞에는 부정관사 an을 사용합니다.

There is an apple on the table. 「탁자 위에 사과가 있다.」

　정관사는 앞에서 한 번 언급된 명사 앞에 위치하여 특정한 것을 가리키거나 그 의미를 한정시키기 위해 사용하며 「그~」로 해석됩니다.

There is a banana on the desk. 「책상 위에 바나나가 있다.」

　(특정한 바나나가 아님, 바나나 한 개가 책상 위에 있음을 의미함)

The banana is yellow. 「그 바나나는 노란색이다.」

　(앞에 나온 책상 위에 있는 그 바나나를 의미함)

　그러나 처음 나온 명사라도 서로 알고 있는 것 또는 문장의 전후 관계로 명백히 알 수 있는 경우에는 the를 사용합니다.

　세상에 하나밖에 없는 것이나 형용사의 최상급 앞에도 정관사 the를 사용합니다.

the sun	the earth
the moon	the Mars
the best	the smallest

☞ 다음 문장을 완성해 보세요.

1) I have _____ car.
   (나는 차를 가지고 있다.)

   I'll clean _____ car.
   (나는 그 차를 세차할 것이다.)

2) Cheju-do is _____ big island.
   (제주도는 큰 섬이다.)

   _____ island is very beautiful.
   (그 섬은 매우 아름답다.)

3) I wrote _____ letter to her.
   (나는 그녀에게 편지를 썼다.)

   But _____ letter didn't arrive yet.
   (그러나 그 편지는 아직 도착하지 않았다.)

4) Tom is _____ best player.
   (톰은 최고의 선수이다.)

Disabled People

On my way to school, I met a blind girl who was walking with a guide dog. I usually thought disabled people are unhappy and they need other's help.

But she looked so peaceful. I realized I had had a prejudice against disabled people. Now I think that they can be happier if we don't have a prejudice against them. I'll try to help them.

본문 해석 ──────────────────────

날짜 :4월 20일, 수요일
날씨 : 화창함

장애인

학교 가는 길에 나는 맹도견이랑 걷고 있는 맹인 소녀를 만났다. 나는 평소에 장애인들은 불행하고 그들은 다른 사람의 도움이 필요하다고 생각했다.
그러나, 그녀는 너무 평온해 보였다. 나는 내가 장애인들에 대해 편견을 가지고 있었음을 깨달았다. 이제 나는 우리가 장애인에 대해 편견을 갖지 않는다면, 그들이 좀더 행복해질 수 있으리라고 생각한다. 나는 그들을 돕도록 노력하겠다.

English Diary

Date : _____   Weather : _____

_____

_____

_____

_____

_____

_____

_____

_____

_____

_____

★ 쉬운 단어로 자신있게 표현하세요!

New Words

- blind   눈먼, 장님의
- disabled people   장애인들
- realize   깨닫다
- guide dog   맹도견
- peaceful   평온한,평화로운
- prejudice   편견

35

Date : Thursday, April 1
Weather : Fine

April Fools' Day

It was April Fools' Day.
① My friends and I made plan about that day.
We made plan to change classmates.
I thought it would be fun.
② I went to school, It carried out a plan. But it failed. I was disappointed. But it's a good memory.

New words

- April Fools' Day   만우절
- fail   실패하다
- memory   기억, 추억

- carry out   실행하다
- disappointed   실망한, 낙담한

날짜 : 4월 1일, 목요일
날씨 : 화창함

잠실중 2년 우지연

만우절

오늘은 만우절이다. 친구들과 나는 다른 반과 반 친구들을 바꿀 계획을 세웠다.
나는 그것이 재미있을 거라고 생각했다.
학교에 가서 그 계획을 실행했지만, 실패하고 말았다.
나는 실망스러웠다. 그러나, 그것은 좋은 추억이다.

① My friends and I made plan about that day. We made plan to change classmates.

'나와 내 친구들은 그 날의 계획을 세웠다. 우리는 반 친구들을 바꿀 계획을 만들었다.'

'make plan(계획을 세우다)' 라는 말이 계속 나오면서 같은 내용을 두 문장으로 나눠 놓은 느낌입니다. 또 앞 문장의 My friends and I와 We라는 말이 중복되어 있습니다. 또한 '반 친구들을 바꾸다' 의 대상 즉 '~와 바꿀지' 에 대한 언급이 없습니다.

두 문장의 중복되는 부분(나와 내 친구, ~우리 계획을 세우다)을 없애고 한 문장으로 자연스럽게 연결하면 다음과 같습니다.

⇨ And we made a plan to change our classmates with other class for April Fools' Day.

「우리는 만우절을 위해 다른 반과 반 친구들을 바꿀 계획을 세웠다.」

② I went to school, It carried out a plan.

계획을 실행한 사람은 그것(It)이 아니라 '우리(We)' 이기에 It를 We로 바꿔야 합니다.

carry out는 '실행하다' 의 의미입니다. plan(계획)은 앞에서 한 번 나왔기 때문에, 부정관사 a보다는 앞에서 이미 언급된 계획으로 한정시키는 정관사 the를 써서 the plan으로 씁니다.

⇨ As we went to school, we carried out the plan.

「우리는 학교에 가서 그 계획을 실행했다.」

외 모

M : What's the matter, Ann?
　　무슨 일 있니, 앤?

A : I've gained five kilograms.
　　나는 5킬로그램이나 쪘어.

M : You don't look fat.
　　넌 살쪄 보이지 않아.

A : But I want to be slim again.
　　그러나 나는 다시 날씬해지고 싶어.
　　I need to go on a diet.
　　나는 다이어트를 할 필요가 있어.

M : Mm..., don't eat anything aftet six o'clock.
　　음, 6시 이후에는 아무것도 먹지 마.

A : It's too hard on me, but anyway I'll try it.
　　그건 나에게 너무 어려운 일이야, 하지만 노력해 볼게.
　　Thanks, Mattew.
　　고마워, 매튜.

성격

A : I'm too shy. Can I change my personality?
나는 너무 부끄러움을 많이 타. 내 성격을 바꿀 수 있을까?

B : Sure. Try to read some books loudly at home.
물론이지. 집에서 큰 소리를 내서 책을 읽어 봐.
And then ask a stranger something like directions on the street.
그리고 나서 거리에서 모르는 사람에게 길 같은 것을 물어 봐.
It will help you.
그 방법이 네게 도움이 될 거야.

A : I'm so worried I can do it.
내가 할 수 있을지 너무 걱정이 돼.

B : Just try it.
시도해 봐.
It's the most important thing, then you can change your personality.
시도하는 것이 가장 중요한 일이야, 그럼 네 성격을 바꿀 수 있을 거야.
Cheer up! 힘내!

A : Thanks a lot. 고마워.

English Diary

Date : _____   Weather : _____

_____

_____

_____

_____

_____

_____

_____

_____

_____

★ 쉬운 단어로 자신있게 표현하세요!

➤➤ ➤➤ 영영 사전 보기 ···

like[laik]

1) If you like something or someone, you think they are interesting or attractive.

2) If you say that you like to do something you mean you prefer to do it.

English Diary

Date : _____   Weather : _____

_____

_____

_____

_____

_____

_____

_____

_____

_____

★ 쉬운 단어로 자신있게 표현하세요!

●◆ ●◆ 영영 사전 보기 ··

eat[iːt]

1) When you eat something, you put it into your mouth, chew it and swallow it.

2) If you eat, you have a meal.

English Diary

Date : _____   Weather : _____

_____

_____

_____

_____

_____

_____

_____

_____

_____

★ 쉬운 단어로 자신있게 표현하세요!

➡ ➡ 영영 사전 해석

like[laik]

1) 만약 네가 무엇인가 또는 누군가를 "like" 하면, 너는 그(것)들이 흥미 있거나 매력적이라고 생각하는 것이다.

2) 만약 네가 무엇인가 하기를 "like" 한다고 말한다면, 네가 그것을 하고 싶어한 다는 것을 의미한다.

English Diary

Date : _____   Weather : _____

_____

_____

_____

_____

_____

_____

_____

_____

_____

★ 쉬운 단어로 자신있게 표현하세요!

●◆ ●◆   영영 사전 해석

eat[iːt]

1) 네가 무엇을 "eat" 하는 것은 그것을 입 안에 넣어 씹고 삼키는 것이다.

2) 네가 "eat" 하는 것은 식사하는 것이다.

Insa-dong

I've heard about Insa-dong so many times.

But it was the first time I went there. There were many traditional shops. A few stores sold some antique furniture and goods.

On the street, someone showed the passers-by how to make Korean rice cake. It was so interesting. There were many foreigners who want to enjoy our traditional things. I had a good time.

본문 해석

날짜 : 5월 10일, 일요일
날씨 : 따뜻하고 화창함

인사동

나는 인사동에 대해 여러 번 들은 적이 있다.
그러나 내가 가 보기는 처음이었다. 거기에는 많은 토속품 가게들이 있었다. 몇몇 상점들은 오래된 옛 가구와 옛날 물건들을 팔았다.
거리에서는 어떤 사람이 행인들에게 떡 만드는 법을 보여 주었다. 그것은 굉장히 재미있었다. 그 곳에는 우리 나라의 전통적인 것을 즐기려는 많은 외국인들이 있었다. 나는 즐거운 시간을 보냈다.

English Diary

Date : _____   Weather : _____

_____

_____

_____

_____

_____

_____

_____

_____

_____

★ 쉬운 단어로 자신있게 표현하세요!

New Words

- traditional   전통적인   • antique   구식의, 시대에 뒤진
- foreigner   외국인   • goods   상품
- passer-by   지나가는 사람, 행인
- how to make   만드는 법
- Korean rice cake   떡

수여 동사

목적어를 2개 갖는 동사를 '수여 동사'라고 하는데 「~에게 ~을 ~(한)다」로 해석합니다. to가 없는데도 사람(사물)의 목적격이 '~에게'로 해석되는 목적어를 '간접 목적어'라고 하고 '~을, ~를'로 해석되는 목적어를 '직접 목적어'라고 합니다.

수여 동사가 있는 문장은 「주어 + 수여 동사 + 간접 목적어(I.O) + 직접 목적어(D.O)」순으로 씁니다.

He   gave   me   a book.
              (I.O)   (D.O)

「그는 나에게 책을 주었다.」

Linda sent me a Christmas card.
「린다는 나에게 크리스마스 카드를 보냈다.」
My father bought me a computer.
「아빠는 나에게 컴퓨터를 사 주셨다.」

간접 목적어를 직접 목적어의 뒤로 보낼 때는 일반적으로 '~에게'의 의미를 지니는 전치사 to를 써서 「수여 동사 + 직접 목적어 + to + 간접 목적어」순으로 씁니다. 그러나 예외적으로 수여 동사가 ask일때는 전치사 of를, 수여 동사가 make, buy, get일 때는 전치사 for를 사용합니다.

He   gave   me   a doll.
              (I.O)   (D.O)
⇨ He   gave   a doll   to   me.
               (D.O)   (I.O)

My mother bought me new shoes.
⇨ My mother bought new shoes for me.
「엄마는 나에게 새 신발을 사 주셨다.」

☞ 두 문장의 의미가 같게 되도록 문장을 바꾸시오.

1)「그는 나에게 선물을 보냈다.」
   He sent me a present.

→ He sent _____.

2)「제인은 나에게 앨범을 보여 주었다.」
   Jane showed me the album.

→ Jane showed _____.

3)「엄마는 나에게 옷을 만들어 주셨다.」
   My mother made me a dress.

→ My mother made _____.

4)「샐리는 나에게 많은 것을 물었다.」
   Sally asked me many questions.

→ Sally asked _____.

5)「이 선생님은 우리에게 음악을 가르치신다.」
   Mr. Lee teaches us music.

→ Mr. Lee teaches _____.

6)「나는 그에게 케이크를 사 주었다.」
   I bought him a cake.

→ I bought _____.

Chorus Contest

We had a school chorus contest today. We had been divided into four groups and we had practiced two songs for almost a month.

We got second place, so we were a little disappointed. But our teacher told us that she was proud of us because we did our best.

During our practice for the chorus contest, we all became much closer. It was a good experience for us.

본문 해석

날짜 : 5월 23일, 화요일
날씨 : 맑음

합창 대회

우리는 오늘 교내 합창 대회를 했다. 우리는 네 그룹으로 나뉘어서 거의 한 달 동안 두 곡을 연습했다. 우리는 2등을 해서 약간 실망했다. 그러나 우리 선생님께서는 우리가 최선을 다했기 때문에 자랑스럽다고 말씀하셨다. 합창 대회를 위해 연습하는 동안 우리는 더 친해졌다. 그것은 우리에게 좋은 경험이었다.

English Diary

Date : _____   Weather : _____

_____

_____

_____

_____

_____

_____

_____

_____

_____

★ 쉬운 단어로 자신있게 표현하세요!

New Words

- chorus contest   합창 대회
- practice   연습；연습하다
- be divided into   ～로 나뉘다
- get second place   2등을 하다
- proud   자랑으로 여기는

Chorus Exercise

I had chorus exercise this afternoon.
① My class sings 'The country lady'.
It's a very interesting song and I like it.
② Our classmates aren't good sing.
Our teacher was angry.
Last year, my class won the chorus contest.
This year, I'm not sure.

New words

- chorus exercise　　합창 연습
- interesting　　　　재미있는
- classmate　　　　반 친구

합창 연습

나는 오늘 오후에 합창 연습을 했다.
우리 반은 '시골 아가씨'를 불렀다. 그것은 매우 재미있는 노래이고 나는 그 노래를 좋아한다. 그러나 우리 반 아이들은 노래를 잘 하지 못했다. 선생님께서는 화가 나셨다. 작년에 우리 반이 합창 대회에서 우승했는데, 올해는 나도 잘 모르겠다.

50

① My class sings 'The country lady'.

'우리 반은 '시골 아가씨'를 부른다.'

여기에서 class는 '학급'이라는 하나의 집합체를 나타내는 명사입니다. 이렇게 하나의 집합체를 나타내는 명사를 '집합 명사'라고 하는데 이러한 집합 명사는 단수 취급을 합니다. 그러나 class가 학급의 구성원인 학생 한 명, 한 명에 초점을 맞추어 학급 구성원 모두를 이야기할 때에는 복수 취급을 하며, 이렇게 집합체의 구성원 각각에 초점을 둔 명사는 '군집 명사'라고 합니다. class, group, family 등의 단어는 형태는 같지만 의미에 따라 군집 명사가 될 수도 있고 집합 명사가 될 수도 있습니다. 여기에서 class는 '우리 학급'이라는 단위가 아니라 '학급 구성원 각각이 모두 다 노래한다'의 의미이므로 class는 군집 명사가 되고 뒤에는 복수 동사가 와야 합니다. 그런데 시제가 과거이므로 동사는 sang이 됩니다.

⇨ My class sang 'The country lady'.

② Our classmates aren't good sing.

'우리 반 아이들은 노래를 잘 하지 못한다.'

이 문장에서 sing은 '노래하다'라는 의미의 '일반 동사'입니다. 일반 동사를 부정할 때에는 일반 동사 앞에 don't(doesn't, didn't)를 붙여서 '~하지 않다'의 의미를 나타냅니다. 여기에서 our classmates는 복수이고 '노래했다'는 과거이니 didn't를 사용하여 부정문을 만들어 줍니다.

또, good(좋은)은 형용사로 명사를 꾸미는 역할을 합니다. 그러나 명사 대신 sing(노래하다)이라는 동사를 꾸며야 하므로 형용사 good 대신 부사인 well(잘)을 써야 합니다. 부사는 이렇게 동사나 형용사, 다른 부사를 꾸며 주는 역할을 합니다.

⇨ Our classmates didn't sing well.

51

get의 여러 가지 용법

우리는 영어 공부를 하면서 한 단어가 여러 가지 용법으로 사용되어 우리를 곤경에 빠뜨리는 경우를 종종 접하게 됩니다. 그러나 반대로 생각해 보면 여러 용법으로 쓰이는 단어를 잘 공부하면 우리는 영어를 보다 쉽게 공부할 수 있을 것입니다. 이렇게 다양한 용법으로 쓰이는 대표적인 동사로는 get이 있습니다. 'get'은 기본적으로 '가지게 되다'의 의미를 지녔습니다. 우리가 앞에서 배운 have(가지다)와 비슷하지만 have는 '가지다' 또는 '가지고 있는 상태'에 초점이 맞춰져 있지만 'get'은 '가지게 되다'에서도 알 수 있듯이 '가지게 되는 과정, 행동'에 초점이 맞춰져 있습니다.

1) 이해하다

A : Do you get my explanation? 내 설명을 이해하겠니?

B : Yes, I get it. 응, 이해하겠어.

2) 받다

A : I got free concert tickets from my uncle.
　 삼촌에게서 무료 공연 티켓을 받았어.

B : Wow! You are lucky! 와! 너 운이 좋다.

3) ~로 하여금 ~하게 하다

I got him to clean his room.
나는 그에게 자신의 방을 청소하도록 시켰어.

4) 도착하다

A : When did you get the meeting yesterday?
   어제 회의에 몇 시에 도착했니?

B : Traffic jam was so terrible. I got the meeting an
   hour later.
   차가 굉장히 막혔어. 나는 한 시간 늦게 회의에 도착했어.

5) 갖다 주다

A : I'm so hungry. Would you get me something to
   eat, please?
   나 너무 배고파. 먹을 것 좀 갖다 줄 수 있니?

B : Sure. Wait a moment.
   물론이야. 잠깐만 기다려.

6) ~이 되다, 어떤 상태로 변하다

A : It's getting dark. I'd better go now.
   점점 어두워지고 있어. 지금 가는 것이 좋을 것 같아.

B : That's a good idea.
   좋은 생각이야.

English Diary

Date : _____   Weather : _____

_____

_____

_____

_____

_____

_____

_____

_____

_____

★ 쉬운 단어로 자신있게 표현하세요!

●❖ ●❖   영영 사전 보기 ···

good[gud]

1) Good means pleasant or enjoyable.

2) Good means of a high quality, standard, or level.

54

English Diary

Date : _____   Weather : _____

_____

_____

_____

_____

_____

_____

_____

_____

_____

_____

★ 쉬운 단어로 자신있게 표현하세요!

●◆ ●◆   영영 사전 보기   ·······································

poor[puər]

1) Someone who is poor has very little money and few possession.

2) You use poor to express your sympathy for someone.

55

English Diary

Date : _____   Weather : _____

_____

_____

_____

_____

_____

_____

_____

_____

_____

_____

_____

★ 쉬운 단어로 자신있게 표현하세요!

●➤ ●➤ 영영 사전 해석 ·····························

good[gud]

1) "Good" 은 '즐거운, 기쁜' 등의 의미이다.

2) "Good" 은 '질. 기준. 수준이 높은' 이라는 의미이다.

56

English Diary

Date : _____   Weather : _____

_____

_____

_____

_____

_____

_____

_____

_____

_____

_____

★ 쉬운 단어로 자신있게 표현하세요!

•➾ •➾   영영 사전 해석 ···

poor[puər]

1) "poor"한 사람은 돈과 소유물(재산 등)이 거의 없는 사람이다.

2) 우리는 "poor"를 누군가에 대한 동정심을 표현하기 위해 사용한다.

Quarrel

I quarreled with my close friend. We had decided to go to the PC room. But he suddenly broke his promise. Such a thing often happens. I had tried to understand his situation many times. But today I lost my temper.

I think keeping a promise is very important. But it seems that he doesn't think so.

So I complained to him, but he didn't feel sorry for me.

It made me angry. I was really disappointed in him.

본문 해석

날짜 : 6월 11일, 화요일
날씨 : 화창함

말다툼

나는 친한 친구와 다퉜다. 우리는 PC방에 가기로 했었다. 그러나, 갑자기 그가 약속을 어겼다. 그런 일은 자주 일어난다.
나는 그의 사정을 이해하려고 여러 번 노력했었다. 그러나, 오늘은 화가 치밀었다. 나는 약속을 지키는 것은 매우 중요하다고 생각한다. 그러나, 그는 그렇게 생각하지 않는 것 같다. 그래서 나는 그에게 따졌으나 그는 나에게 미안해하지 않았다. 그것이 나를 화나게 했다. 나는 정말 그에게 실망했다.

English Diary

Date :   Weather :

_____

_____

_____

_____

_____

_____

_____

_____

_____

_____

★ 쉬운 단어로 자신있게 표현하세요!

New Words

- quarrel   말다툼(하다) • suddenly   갑자기
- break one's promise   약속을 어기다
- happen   발생하다   • situation   입장, 사정, 상황
- lose one's temper   화를 내다
- complain   불평하다
- be disappointed in   ~에 실망하다

59

관계 대명사 Ⅰ

　관계 대명사는 접속사와 대명사의 역할을 동시에 하는 아주 중요한 말입니다. 즉 두 문장을 연결해 주는 접속사의 역할을 하며, 두 문장을 연결할 때 앞에 나온 명사나 대명사의 중복을 피하기 위해 사용되는 대명사의 역할도 합니다. 관계 대명사는 선행사(두 문장에서 의미상으로 중복되는 단어로 앞 문장에 나오는 명사)의 뒤에 위치하여 선행사를 보충 설명하는 역할을 합니다.
　관계 대명사는 주격, 소유격, 목적격이 있는데, 선행사가 사람이냐 사물이냐에 따라 다른 형태의 관계 대명사가 사용됩니다.

	주격	소유격	목적격
사람	who	whose	whom

I know the girl.
She speaks English very well.
⇨ I know the girl who speaks English very well.
　　　　　선행사

　the girl과 she는 내용상 같은 사람을 의미하므로 두 문장을 한 문장으로 연결할 때는 앞 문장의 the girl은 선행사가 되고 중복을 피하기 위해 뒷 문장의 she를 생략합니다. 이 때 생략된 she가 주격이므로 주격 관계 대명사 who를 사용합니다.

I met the boy.
His father is my math teacher.
⇨ I met the boy whose father is my math teacher.
　the boy가 선행사이고 뒷 문장의 his가 '그의'로 소유격의 의미를 지니므로 사람의 소유격 관계 대명사 whose를 사용하여 두 문장을 연결해 줍니다.

☞ 다음 두 문장을 관계 대명사를 이용하여 한 문장으로 연결
하시오.

1) I met a man.
   He speaks five languages.

   →_____.

   (나는 5개 국어를 말할 수 있는 한 남자를 만났다.)

2) I have a friend.
   Her brother is a famous actor.

   →_____.

   (나는 오빠가 유명한 배우인 친구가 있다.)

3) I met a boy.
   My father gave him many books.

   →_____.

   (나는 우리 아빠가 많은 책을 준 소년을 만났다.)

4) They have a son.
   He is so smart.

   →_____.

   (그들은 매우 영리한 아들이 있다.)

Soccer Game

I played soccer game in gymnastics class. We divided teams by odd and even number.

I was convinced of our team's victory because Sang-ho who is good at any sport, was on my team.

But when we finished the first half, we were behind, 1 - 2.

The game was so competitive and rough. In the second half, we reversed the score, 3 - 2.

When the game was finished, we all were soaked with sweat.

본문 해석

날짜 : 6월 20일, 금요일
날씨 : 조금 더움

축구

나는 체육 시간에 축구를 했다. 우리는 홀수, 짝수로 팀을 나눴다. 나는 우리 편의 승리를 확신했다. 왜냐 하면 무슨 운동이나 잘 하는 상호가 우리 편이었기 때문이다. 그러나 전반전이 끝났을 때 우리는 1대 2로 지고 있었다. 경기는 매우 치열하고 거칠었다. 후반전에 우리는 점수를 3대 2로 역전시켰다. 경기가 끝났을 때 우리 모두는 땀으로 젖어 있었다.

English Diary

Date : _____   Weather : _____

_____

_____

_____

_____

_____

_____

_____

_____

_____

_____

★ 쉬운 단어로 자신있게 표현하세요!

New Words

- gymnastics class   체육 시간
- odd   홀수의   • even   짝수의
- be convinced of   ~을 확신하다
- the first half   전반전   • the second half 후반전
- reverse   역전시키다   • soak   젖다

관계 대명사 II

두 문장을 하나로 연결할 때에 접속사와 대명사의 역할을 동시에 하는 관계 대명사를 많이 사용하게 됩니다.

선행사가 사물이나 동물일 때에는 격에 따라 관계 대명사 which, whose[of which], which 등을 사용합니다.

	주격	소유격	목적격
사물(동물)	which	of which/whose	which

I have a dog.

It has beautiful furs.

→ I have a dog which has beautiful furs.
　　　　　선행사

선행사가 사물(a dog)이고 뒷문장에서 중복되는 대명사 It가 주격이므로 주격 관계 대명사 which를 사용합니다.

This is my house.

Its color is blue.

→This is my house whose color is blue.

my house가 선행사이고 Its가 소유격이므로 사물의 소유격 관계 대명사 whose를 사용합니다.

My father gave me the camera.

I made much of it. (make much of : 소중히 여기다)

→My father gave me the camera which I made much of.

the camera가 선행사이고 뒷문장의 it가 목적격으로 사용되었으므로 사물의 목적격 관계 대명사 which를 사용합니다.

＊목적격 관계 대명사 whom이나 which는 생략할 수도 있고 관계 대명사 that로 바꿔 쓸 수도 있습니다.

☞ 다음 두 문장을 관계대명사를 이용하여 연결하시오.

1) This is the same purse.
   I lost it yesterday.

   →_____.

   (이것은 어제 내가 잃어버린 (바로) 그 지갑이다.)

2) Evan is wearing a hat.
   It is too small for him.

   →_____.

   (에반은 자신에게 너무 작은 모자를 쓰고 있다.)

3) That is the house.
   He lives in it.

   →_____.

   (저 집은 그가 살고 있는 집이다.)

4) I visited a country.
   Its cities are very clean.

   →_____.

   (나는 도시들이 매우 깨끗한 나라를 방문했다.)

Date : Friday, June 28
Weather : Hot

Soccer Game

There was a soccer game – Korean team vs. Chinese team. ① Two Chinese soccer players came back to their home team from a Brazil. ② There were many players who soccer is very good. Just before the first half was over, our hope, Lee Dong-kuk made a goal. It was so exciting. I shouted and cheered our Korean team. But they lost the game.

New words

• vs	~대 (對)	• soccer player	축구 선수
• come back	돌아오다	• the first half	전반전
• be over	끝나다	• make a goal	골을 넣다
• shout	외치다	• cheer	응원하다

날짜 : 6월 28일, 금요일
날씨 : 더움

잠실중 2년 남지우

축구 경기

한국과 중국의 축구 경기가 있었다.
두 명의 중국 축구 선수가 브라질에서 그들의 홈팀으로 돌아왔다. 축구를 잘 하는 많은 선수들이 있었다.
전반전이 끝나기 바로 직전에, 우리의 희망인 이동국이 한 골을 넣었다. 그것은 매우 신나는 장면이었다. 나는 외쳤고 우리 한국 팀을 응원했다. 그러나 그들은 졌다.

① Two Chinese soccer players came back to their
home team from a Brazil.

Brazil, Korea, China와 같은 나라의 이름에는 a(an / the)와 같은 관사를 붙이지 않습니다. 나라 이름뿐만 아니라 사람 이름, 강 이름 등에는 관사를 사용하지 않습니다.

⇨ Two Chinese soccer players came back to their home team from
   Brazil.

두 명의 중국 선수들이 브라질에서 그들의 홈팀인 중국에 돌아왔다.

② There were many players who soccer is very
good.

'축구를 잘 하는 많은 선수들이 있었다.'

이 문장에서 주격 관계 대명사 who가 이끄는 절은 선행사인 many players에 대해 설명해야 합니다. 그러나 who soccer is very good(축구가 매우 좋은)으로 쓰여 있습니다. soccer(축구)가 매우 좋을 수 있습니까? 이 문장은 many players(많은 선수들)이 '축구를 잘 하는 사람들'이라는 의미일 것입니다. '축구를 잘 하는'은 'be good at soccer'라고 합니다. who는 주격 관계 대명사로서 접속사와 주격 대명사의 역할을 하며 who 뒤에는 동사가 와야 합니다. 그런데 who 다음의 동사는 선행사인 many players의 인칭과 수에 일치해야 하므로 be 동사의 3인칭 복수 현재형인 are를 써야 합니다.

⇨ There were many players who are good at soccer.

또한 관계 대명사를 사용하지 않고 같은 의미를 나타내려면

⇨ There were many good soccer players.로 쓸 수 있습니다.

날 짜

A : What's the date today?
오늘 몇 월 며칠이니?

B : Let me check. It's November 25th.
잠깐만 좀 보고. 11월 25일이야.

A : November 25th? Time flies.
11월 25일이라구? 시간 정말 빠르구나.
I feel like it's the middle of November.
11월 중순쯤 된 줄 알았는데.

B : I see. Sometimes so do I.
알아. 나도 가끔 그래.

시간

A : I should hand in my homework by 5 o' clock.
5시까지 숙제를 내야 해.

B : Have you finished it?
숙제 끝마쳤니?

A : Almost, I think.
거의 끝마친 것 같아.
Do you have the time?
몇 시니?

B : It's a quarter to five.
5시 15분 전이야.

A : What? Are you sure?
뭐라고? 확실해?

B : Yes. My watch keeps good time.
응. 내 시계는 정확해.
You should hurry.
서둘러야겠는데.

A : I must finish it right now.
나는 숙제를 지금 당장 끝마쳐야 해.
Will you wait for me?
기다려 줄 거니?

B : Yes. I'll wait for you till a half past five.
그래. 5시 반까지 기다려 줄게.

English Diary

Date : _____   Weather : _____

_____

_____

_____

_____

_____

_____

_____

_____

_____

★ 쉬운 단어로 자신있게 표현하세요!

●◇ ●◇　영영 사전 보기

school[skuːl]

1) A school is a place where children are educated.

2) In American English and in formal British English, to school a child means to educate him or her.

English Diary

Date :　　　　　　　　　　　　　　Weather :

_____

_____

_____

_____

_____

_____

_____

_____

★ 쉬운 단어로 자신있게 표현하세요!

➡ ➡ 영영 사전 보기 ⋯⋯⋯⋯⋯⋯⋯⋯⋯⋯⋯⋯⋯⋯⋯⋯⋯

study[stʌ́di]

1) If you study, you spend time learning about a particular subject or subjects.

2) Study is the activity of studying.

English Diary

Date : _____   Weather : _____

_____

_____

_____

_____

_____

_____

_____

_____

_____

★ 쉬운 단어로 자신있게 표현하세요!

●● ●● 영영 사전 해석 ·····························

school[sku:l]

1) "school"은 아이들이 교육 받는 곳이다.

2) 미국식 영어나 공식적인 영국식 영어에서, 아이들을 "school"한다는 것은 아이들을 교육시킨다는 의미이다.

English Diary

Date : _____   Weather : _____

_____

_____

_____

_____

_____

_____

_____

_____

_____

★ 쉬운 단어로 자신있게 표현하세요!

●◆ ●◆ 영영 사전 해석 ···

study[stʌ́di]

1) 네가 "study"한다는 것은 네가 어떤 특정한 한 과목이나 여러 과목에 대해 배우는 데 시간을 사용한다는 것이다.

2) "study"란 공부(연구)이다.

Group Homework

We were assigned to do group homework in science. In my group, there were six people including me. We had to look up a large amount of data in the encyclopedia.

In order to do group homework better, we decided to divide the required data into several categories and then to select a category per person. I tried to do my best, but some of our members didn't do their own work.

I found it is very hard to do something with others. But it was a good experience for me.

본문 해석

날짜 : 7월 4일, 토요일
날씨 : 더움

그룹 숙제

우리에게 과학 그룹 숙제가 할당되었다. 우리 그룹에는 나를 포함해서 여섯 명이 있었다. 우리는 백과 사전에서 많은 양의 자료를 찾아야만 했다. 그룹 숙제를 좀더 잘 하기 위해서 우리는 필요한 자료를 몇 개의 부류로 나누어서 개인별로 한 부류씩 선택하기로 결정했다. 나는 최선을 다하려고 노력했으나 우리 그룹 내 몇 사람은 자신들의 일을 하지 않았다. 나는 다른 사람들과 일한다는 것이 매우 어렵다는 것을 알았다. 그러나 그것은 나에게 좋은 경험이었다.

English Diary

Date : _____   Weather : _____

_____

_____

_____

_____

_____

_____

_____

_____

_____

★ 쉬운 단어로 자신있게 표현하세요!

New Words

- assign 할당하다
- a large amount of 많은 양의
- data 자료
- required 필요한
- select 고르다
- look up ~을 찾다
- encyclopedia 백과 사전
- category 부류, 부문

75

시제 일치

시제 일치란 주절의 시제가 현재이면 종속절의 시제는 과거, 현재, 미래 등 모든 시제가 올 수 있지만, 주절의 시제가 과거이면 종속절의 시제는 반드시 과거나 과거 관련 시제(과거 완료, 과거 진행형)가 와야 함을 말합니다.

Ⓐ I <u>think</u> that ┌ Susan <u>is</u> a journalist.(○)
                      현재 (나는 수잔이 기자라고 생각한다.)
                  └ Susan <u>was</u> a journalist.(○)
                      과거 (나는 수잔이 기자였다고 생각한다.)

Ⓑ I <u>thought</u> that ┌ Susan <u>is</u> a journalist.(×)
                       현재
                   └ Susan <u>was</u> a journalist.(○)
                       과거

❖ 시제 일치의 예외

주절의 시제와 상관없이 과거의 역사적인 사실은 항상 과거로, 불변의 진리나 현재의 습관은 항상 현재로 써야 합니다.

I know that Korean War broke out in 1950.

「나는 한국 전쟁이 1950년에 일어났다는 것을 안다.」

(역사적인 사실 - 과거 시제 사용)

He taught us that the earth goes round the sun.

「그는 지구가 태양 주위를 돈다고 우리에게 가르쳤다.」

(불변의 진리 - 현재 시제 사용)

Loren said that she gets up at six.

「로렌은 여섯 시에 일어난다고 말했다.」

(현재의 습관 - 현재 시제 사용)

☞ 다음 문장을 완성하시오.

1) I know that he _____ a famous novelist.
   나는 그가 유명한 소설가였다는 것을 안다.

2) He says that Columbus _____ America.
   그는 콜럼버스가 미국을 발견했다고 말한다.

3) We learned that the earth _____ round.
   우리는 지구는 둥글다고 배웠다.

4) I know my mom _____ up at 6 everyday.
   나는 우리 엄마가 매일 6시에 일어나시는 것을 안다.

5) Tom said that he _____ _____ very busy this morning.
   톰은 오늘 아침에 매우 바빴었다고 이야기했다.

6) I taught my cousin that two and four _____ six.
   나는 사촌에게 2 더하기 4는 6이라고 가르쳐 주었다.

7) He told me that he _____ _____ the door yesterday.
   그는 어제 문에 페인트 칠을 하고 있는 중이라고 말했다.

Date : Wednesday, July 27
Weather : Hot

An Attractive Boy

I know a boy who is really nice. He is neither handsome nor tall. But he is good at any sport. When I come up to him, my heart beats faster and my face turns red. I'm so shy, so I can't speak to him at all.

But in my dreams, I have seen him many times and we have been close friends. Whenever I dream of him, good things happen to me. Maybe he is my significant half. I want to see him in my dream tonight again.

본문 해석

날짜 : 7월 27일, 수요일
날씨 : 더움

매력적인 아이

나는 정말로 괜찮은 남자 아이를 안다. 그는 잘생기지도 키가 크지도 않다. 그러나 그는 무슨 운동이든 다 잘한다. 내가 그 아이에게 다가갈 때 심장은 두근거리고 얼굴은 빨갛게 변한다. 나는 꽤 부끄러움이 많아서 그에게 아무 말도 하지 못했다. 그러나 나는 꿈 속에서 그 아이를 여러 번 만났고 우리는 친한 친구다. 내가 그의 꿈을 꿀 때마다 나에게 좋은 일이 일어난다. 그는 아마 나의 반쪽인 것 같다. 나는 오늘밤에도 그의 꿈을 꾸었으면 좋겠다.

English Diary

Date : _____   Weather : _____

_____

_____

_____

_____

_____

_____

_____

_____

_____

★ 쉬운 단어로 자신있게 표현하세요!

New Words

- attractive 매력적인
- neither A nor B A도 B도 아니다
- shy 부끄럼을 타는   • happen 일어나다, 생기다
- my significant half 나의 반쪽

Group Homework

① My school do group homework often.
I dislike group homework because I should set time with my friends.
But it is difficult to set time with others.
I dislike group homework in science, morality and sociology.
② I want group homework took off.

New words ───────────────

- set   (날짜 등을) 정하다
- morality   도덕   • sociology   사회
- go away   사라지다, 없어지다

날짜 : 7월 15일, 금요일
날씨 : 비

잠실중 2년 김성용

그룹 숙제

우리 학교 선생님들께서는 그룹 숙제를 많이 내 주신다.
나는 그룹 숙제를 싫어한다. 왜냐 하면 나와 내 친구들은
시간을 정해야 하는데, 다른 사람들과 시간을 맞추는 것은
매우 어렵다.
나는 과학, 도덕, 사회의 그룹 숙제를 싫어한다.
나는 그룹 숙제가 사라지길 원한다.

① My school do group homework often.

'학교는 자주 그룹 숙제를 한다.'

'학교' 라는 공간이나 건물이 그룹 숙제를 합니까? 이 문장은 '학교의 선생님이 우리에게 자주 그룹 숙제를 내준다' 라는 의미겠지요?

'~에게 ~을 주다' 는 give라는 수여 동사를 이용하여

'Our teacher often gives us group homework.' 라고 쓸 수 있습니다.

이 때 often은 횟수를 나타내는 빈도 부사로 be동사나 조동사 뒤에, 일반 동사 앞에 위치해야 합니다.

또는 '~을 할당하다' 의 의미를 가진 동사 assign을 써서 'Our teacher often assigns us group homework.' 라고 쓸 수 있습니다.

② I want group homework took off.

take off는 '벗다; 물러나다' 라는 의미입니다. 이 문장은 '그룹 숙제가 사라지길(없어지길) 원한다' 의 의미인 것 같습니다. '사라지다, 없어지다' 는 go away를 쓰는데 숙제가 스스로 없어질 수는 없기에 '~되어지다' 의미의 수동태를 써서 표현할 수 있습니다.

⇨ I want group homework to be gone away.

「나는 그룹 숙제가 없어지길 원한다.」

또는 'cancel(취소하다)' 의 수동형을 써서 표현할 수 있습니다.

⇨ I want group homework to be cancelled.

시간을 나타내는 법

시간을 나타낼 때는 우리가 읽는 시간을 기수로 표현해 줍니다. 예를 들어 3시 20분은 'It's three twenty.'로 나타냅니다.

이 때 It는 시간을 나타내는 '비인칭 주어'입니다.

그리고 우리가 2시 55분을 '3시 5분 전'이라고 말하듯이 영어에서도 시간을 '~전' 혹은 '~후'라고 말하는 경우가 많습니다. 이 때 '~전'은 to를 사용하며, '~후'는 '지난'의 의미를 가진 past를 사용하여 시간을 나타냅니다.

또 '~시'와 같은 '정각'은 o'clock으로, '30분'은 '반(1/2)'의 의미인 half로, '15분'은 1/4의 의미인 quarter로 나타냅니다. 오전은 시간의 뒤에 a.m.을 붙여서, 오후는 p.m.을 붙여서 나타냅니다.

예) 오전 10시 → 10 a.m.
　　오후 2시 → 2 p.m.

It's three o'clock.

It's six thirty.
It's a half past six.

It's five forty-five.
It's a quarter to six.

It's five five.
It's five past five.

It's three fifty-five.
It's five to four.

It's seven fifteen.
It's a quarter past seven.

It's four fifty.
It's ten to five.

It's two thirty.
It's a half past two.

English Diary

Date : _____   Weather : _____

_____

_____

_____

_____

_____

_____

_____

_____

_____

_____

★ 쉬운 단어로 자신있게 표현하세요!

●◇ ●◇ 영영 사전 보기

keep[kiːp]

1) If someone keeps or is kept in a particular state, place, you remain in it.

2) If you keep something, you continue to have it in your possession.

84

English Diary

Date : _____   Weather : _____

_____

_____

_____

_____

_____

_____

_____

_____

_____

_____

★ 쉬운 단어로 자신있게 표현하세요!

●◇ ●◇ 영영 사전 보기

put[put]

1) When you put something in a particular place or position, you move it into that place or position.

2) If you put someone somewhere, you cause them to go there and to stay there for a period of time.

English Diary

Date : _____   Weather : _____

_____

_____

_____

_____

_____

_____

_____

_____

_____

★ 쉬운 단어로 자신있게 표현하세요!

➮ ➮ 영영 사전 해석 ....

keep[ki:p]

1) 누군가가 "keep" 하거나 특정한 상태나 장소에 "is kept" 하는 것은 네가 그것을
   그 상태나 장소에 계속 남겨두는 것을 말한다.

2) 네가 무언가를 "keep" 하는 것은 네가 그것을 보유하는 것이다.

English Diary

Date : _____   Weather : _____

_____

_____

_____

_____

_____

_____

_____

_____

_____

★ 쉬운 단어로 자신있게 표현하세요!

◆◆ ◆◆　영영 사전 해석 ···

put[put]

1) 네가 무언가를 특정한 장소나 위치에 "put" 하는 것은 네가 그것을 그 장소나 위치에 놓는 것을 말한다.

2) 네가 누군가를 어떤 곳에 "put" 하는 것은 네가 그들을 거기에 투숙시키는 것이다.

Kanghwa-do

We went on a two-day trip to Kanghwa-do with my family.
Kanghwa-do is not far from Seoul. But it was the first time we
visited there.

Kanghwa-do is on the west coast, so the water is not deep.

The water is filled with mud instead of sand. It was very hard to
walk in the mud.

We caught lots of seashells and small crabs. Around noon, the
tide was enough for us to swim. It was a nice trip.

본문 해석

날짜 : 8월 13일, 토요일
날씨 : 매우 더움

강화도

우리는 가족과 함께 강화도로 1박 2일 여행을 갔다. 강화도는 서울
에서 멀지 않지만 우리는 처음으로 강화도에 갔다.
강화도는 서해라 깊지 않다. 바다는 모래 대신에 진흙으로 가득 차
있다. 진흙 속을 걷기는 매우 힘들었다. 우리는 조개와 작은 게를 많
이 잡았다. 정오경에 우리가 수영할 수 있을 만큼 물이 찼다. 즐거운
여행이었다.

English Diary

Date : _____   Weather : _____

_____

_____

_____

_____

_____

_____

_____

_____

_____

_____

★ 쉬운 단어로 자신있게 표현하세요!

New Words

- far from   ~에서 멀리 떨어진
- be filled with   ~로 가득 차 있다
- mud   진흙
- seashell   조개
- instead of   ~대신에
- crab   게

현재 완료 I

현재 완료는 과거의 어느 한 시점에서 시작되어 현재까지 계속되거나 현재의 시점에 막 끝난 동작이나 상태를 나타낼 때 사용합니다. 현재 완료에는 완료, 경험, 계속, 결과의 4가지 용법이 있으며 「have(has) + 과거 분사」의 형태로 쓰입니다.

현재 완료가 '이제 막 ~했다'의 완료의 의미를 나타낼 때는 보통 already(이미 : 긍정문에 사용), yet(아직:부정문, 의문문에 많이 쓰임), just(방금,이제 막) 등의 부사와 같이 쓰이는 경우가 많습니다.

We've just finished our group work.
「우리는 이제 막 그룹 숙제를 끝냈다.」- 완료
It has already stopped raining.
「이미 비가 그쳤다.」- 완료

현재 완료가 「~한 적이 있다」의 의미를 나타내는 경험은 never(~한 적이 없다), ever(~한 적이 있다), before(전에), once(한 번), twice(두 번), three times(세 번), many times(여러 번) 등의 부사와 같이 쓰이는 경우가 많습니다.

I've twice been to Australia.
「나는 호주에 두 번 다녀온 적이 있다.」

Serah has once eaten mangos.
「세라는 망고를 한 번 먹어 본 적이 있다.」

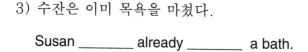

다음 문장을 완성하시오

1) 그들은 이제 막 저녁 식사를 마쳤다.

They _____ just _____ their dinner.

2) 나는 코알라를 본 적이 있다.

I _____ ever _____ a koala.

3) 수잔은 이미 목욕을 마쳤다.

Susan _____ already _____ a bath.

4) 아빠는 방금 대문 페인트 칠을 마치셨다.

My father _____ just _____ painting the door.

5) 그는 전에 일본어를 배운 적이 있다.

He _____ _____ Japanese before.

6) 나는 이제 막 타임지를 다 읽었다.

I _____ just _____ the Times.

Keeping a Diary English

A year ago, I decided to keep a diary in English everyday.

At first, keeping a diary in English was a very hard work.

I could write only a few sentences with one or two English

words at best. I wrote the rest of the sentences in Korean.

But I did not give up. I've been keeping a diary in English

for over a year.

Now, I can write English well. It makes me happy.

본문 해석

날짜 : 8월 24일, 월요일
날씨 : 비

영어로 일기쓰기

일 년 전에 나는 매일 영어로 일기를 쓰기로 결심했다.
처음에는 영어로 일기를 쓰는 것이 어려운 일이었다.
기껏해야 난 한 개 내지 두 개의 영어 단어로 된 몇몇 문장만을 쓸
수 있었다. 문장의 나머지는 한국말로 썼다.
그러나 난 포기하지 않았다.
난 지금까지 일 년 넘게 영어로 일기를 써오고 있다.
지금 난 영어를 잘 쓸 수 있다. 그렇게 된 것이 난 행복하다.

English Diary

Date : _____   Weather : _____

_____

_____

_____

_____

_____

_____

_____

_____

_____

_____

★ 쉬운 단어로 자신있게 표현하세요!

New Words

- diary   일기
- sentence   문장
- the rest   나머지
- give up   단념하다, 포기하다
- over   ~이상
- keep a diary   일기를 쓰다
- at best   기껏해야, 고작

93

현재 완료 II

현재 완료가 「계속 ～해오고 있다」의 의미를 나타내는 계속은 보통 for(동안), since(이래로) 등의 부사와 같이 쓰이는데, for 다음에는 기간을 나타내는 말이, since 다음에는 동작이나 상태가 시작된 시간을 나타내는 말이 옵니다.

Tom has lived in Seoul for five years.
「톰은 5년 동안 서울에서 살고 있다.」
I've been ill since last Saturday.
「나는 지난 토요일부터 죽 앓고 있다.」

현재 완료가 「～해 버렸다」의 의미를 나타내는 결과는 have (has) gone(가 버렸다), have (has) lost(잃어 버렸다) 의 두 형태가 일반적으로 많이 쓰입니다.

He has gone to America.
「그는 미국으로 가 버렸다.」
Serah has lost her purse.
「세라는 지갑을 잃어 버렸다.」

과거의 어느 시점부터 현재까지 계속되거나 현재에 완료된 현재 완료의 부정문은 have 동사 뒤에 not을 붙여서 「have (has) + not + 과거 분사」의 형태로 쓰입니다.

I've not been to Spain.
「나는 스페인에 가 본 적이 없다.」
David has not finished yet his homework.
「데이비드는 아직 숙제를 마치지 못했다.」

☞ 다음 문장을 완성하시오.

1) 마이클은 차 열쇠를 잃어 버렸다.

Michael _____ _____ the key to his car.

2) 수잔은 지난 주말 이후로 계속 앓고 있다.

Susan _____ _____ ill since last weekend.

3) 나는 10년 동안 이 집에서 살고 있다.

I've _____ in this house for 10 years.

4) 나는 골프를 쳐 본 적이 없다.

I've _____ _____ golf.

5) 그는 멕시코로 가 버렸다.

He _____ _____ to Mexico.

6) 엄마는 타이완에 가 본 적이 없으시다.

My mother _____ not _____ to Taiwan.

Vacation Homework

I finally did my vacation homework yesterday. But I tried to do my homework all at a time. ① I was very difficult.
② I repented homework not beforehand. I didn't go to bed until 2 a.m. I dozed at school. I had to explain to our teacher why I was sleepy. It was so shameful. I'll do my homework beforehand.

New words

- vacation   방학
- repent   후회하다
- doze   졸다
- shameful   수치스러운

- at a time   한 번에
- beforehand   미리
- explain   설명하다

날짜 : 8월 23일, 월요일
날씨 : 더움

잠실중 2년 김성용

방학 숙제

나는 어제 방학 숙제를 했다.
나는 한꺼번에 방학 숙제를 끝마치려고 노력했다.
그러나, 어려웠다. 나는 숙제를 미리 하지 않은 것을 후회했다.
나는 새벽 2시까지 잠을 못 자서 학교에서 졸았다.
나는 수업 시간에 왜 졸렸는지 선생님께 설명드려야 했다.
그것은 너무 부끄러운 일이었다. 나는 미리 숙제를 할 것이다.

① I was very difficult.

'나는 매우 어려웠다.'

앞 문장과 연결해서 볼 때 '나라는 사람이 어렵다' 는 것이 아니라 '숙제를 하루에 다 하는 것이 어렵다' 는 의미겠지요?

'숙제를 하루에 다 하려고 하는 것' 은 앞 문장에 나온 내용이기 때문에 중복을 피하기 위해 대명사 It를 사용합니다. 또한 숙제를 하는 의미상의 주어 '나' 를 표현하기 위해 'for + 목적격' 을 사용합니다.

⇨ It was very difficult for me.

② I repented homework not beforehand.

이 문장을 해석해 보면 '나는 숙제가 미리 아닌 것을 후회했다.' 로 문장이 매끄럽지 못합니다.

이 문장은 '나는 숙제를 미리 하지 않은 것을 후회했다' 의 의미일 것입니다. repent는 뒤에 동명사를 써서 '~한 것을 후회한다' 를 나타냅니다.

'~하지 않은 것을 후회한다' 와 같은 부정의 표현은 'repent not ~ing(동명사)' 로 나타냅니다.

⇨ I repented not doing my homework beforehand.

Sports (스포츠)

A : Did you see the soccer game on TV last night?
너는 어젯밤 TV에서 하는 축구 경기를 보았니?

B : Sure. Korea won 5 to 3.
물론. 한국이 5대 3으로 이겼어.
It was an exciting match.
재미있는 경기였어.

A : Ahn Chŏng-hwan was a hero. I'm his big fan.
안정환은 영웅이었어. 나는 그의 열광적인 팬이야.

B : Yes. When he made a goal, I was so excited.
그래. 그가 골을 넣었을 때, 나는 정말 흥분했어.
Anyway, are you good at soccer?
그건 그렇고, 너 축구 잘 하니?

A : So-so. I just like to watch.
그저 그래. 나는 단지 보는 것을 좋아해.
What kinds of sports do you like?
무슨 종류의 스포츠를 좋아하니?

B : I like all kinds of sports.
나는 모든 종류의 스포츠를 다 좋아해.
But my favorite sport is soccer. I'm a big soccer fan.
그러나 내가 가장 좋아하는 스포츠는 축구야. 나는 열광
적인 축구 팬이야.

축구단 홈페이지

수원/삼성 블루윙스
http://www.samsungbluewings.co.kr/

전남/드래곤즈
http://www.dragons.co.kr/

전북/현대 다이노스
http://www.dinos.co.kr/

포항/스틸러스
http://www.steelers.co.kr/

부산/대우 로얄스
http://www.deewooroyals.co.kr/

천안/일화
http://www.tongil.or.kr/OR/IL/ilhwa.html

안양/L.G 치타스
http://www.lgcheetahs.co.kr/

울산/현대 호랑이
http://www.hhi.co.kr/horangi/kor/

한국 프로축구연맹 : http://www.k-league.org/

English Diary

Date : _____   Weather : _____

_____

_____

_____

_____

_____

_____

_____

_____

_____

★ 쉬운 단어로 자신있게 표현하세요!

➡➡ ➡➡ 영영 사전 보기

become[bikʌ́m]

1) If someone or something becomes a particular thing, they start to change and develop into that thing.

English Diary

Date : _____   Weather : _____

_____

_____

_____

_____

_____

_____

_____

_____

_____

_____

★ 쉬운 단어로 자신있게 표현하세요!

●❖ ●❖ 영영 사전 보기 ·······································

know[nou]

1) If you know a fact, a piece of imformation, or an answer, you have it correctly in your mind.

2) If you know someone, you are familiar with them because you have met them and talked to them before.

English Diary

Date : _____   Weather : _____

_____

_____

_____

_____

_____

_____

_____

_____

_____

_____

★ 쉬운 단어로 자신있게 표현하세요!

●➡ ●➡ 영영 사전 해석 ....

become[bikʌ́m]

1) 누군가나 어떤 것이 특별한 것으로 "become" 한다는 것은, 그것들이 특별한 것
   으로 바뀌고 발전되기 시작한다는 것이다.

English Diary

Date :   Weather :

★ 쉬운 단어로 자신있게 표현하세요!

●◆ ●◆ 영영 사전 해석 ···

know[nou]

1) 네가 어떤 사실이나 정보, 혹은 답을 "know"한다는 것은 네가 그것을 너의 마음 속에 정확하게 인식하고 있다는 것이다.

2) 네가 누군가를 "know"한다는 것은, 너는 전에 그들을 만났거나 그들과 얘기 해 봤기 때문에 그들과 친숙하다는 것이다.

Reading

I've read the book 'Flowers bloom in the mountain' by Monk Pŏpchŏng. In this book, he expresses his thoughts of men's valuable life and his feelings in nature.

He says "The more men have, the more they want. It isn't important to have many physical things. The most important thing is what is in their mind."

I agree with him, but I easily forget it.

Whenever I'm depressed, I'll read the book.

본문 해석

날짜 : 9월 7일, 수요일
날씨 : 맑고 시원함

독서

나는 법정 스님이 쓰신 '산에는 꽃이 피네' 라는 책을 읽었다. 이 책에서 스님은 인간의 가치 있는 삶에 대한 자신의 생각과 자연에서 느끼는 자신의 감정을 표현하고 있다. 스님은 "많이 가지면 가질수록 더 많은 것을 원하게 된다. 많은 물질적인 것을 가지는 것은 중요하지 않다. 가장 중요한 것은 사람들 마음 안에 있는 것이다." 라고 말씀하신다.

나는 그 분의 말씀에 동의하지만 쉽게 잊어버린다.

우울할 때마다 나는 그 책을 읽어야겠다.

English Diary

Date : _____   Weather : _____

_____

_____

_____

_____

_____

_____

_____

_____

_____

★ 쉬운 단어로 자신있게 표현하세요!

New Words

· bloom	꽃이 피다	· monk	승려, 스님
· express	표현하다, 나타내다		
· valuable	가치 있는		
· thoughts	사상	· physical	물질적인
· agree with	~와 동의하다	· depressed	우울한

의문사 + to 부정사

「how + to부정사」는 '~하는 법'을 뜻합니다.
how는 '어떻게'의 의미를 지닌 의문사인데 「how + to부정사」는 '어떻게 to부정사 하는지' 즉 「to부정사 하는 방법(법)」을 의미합니다.

how to swim
수영하는 법
how to drive a car
운전하는 법
My mother teaches me how to cook.
「엄마는 나에게 요리하는 법을 가르쳐 주신다.」

「where + to 부정사」는 「어디를 ~해야 할지」의 의미이고, 「when + to 부정사」는 「언제 ~해야 할지」의 의미입니다. 「what + to 부정사」는 「무엇을 ~해야 할지」의 의미입니다.

I didn't decide yet where to go.
「나는 어디를 가야 할지 아직 결정하지 않았다.」

Please tell me when to leave.
「언제 떠날지 나에게 말해 주세요.」

I don't know what to do.
「나는 무엇을 해야 할지 모르겠다.」

☺ 다음 문장을 완성해 보세요.

1) 그것을 어떻게 해야 할지 나에게 말해 줘.

Tell me _____ to do it.

2) 아버지는 어디로 이사할지 아신다.

My father knows _____ to move.

3) 나는 너에게 무엇을 말해야 할지 모르겠다.

I don' t know _____ to tell you.

4) 아빠는 나에게 연 만드는 법을 가르쳐 주셨다.

My father taught me _____ to make a kite.

5) 선생님은 우리에게 언제 소풍 갈지를 말씀해 주셨다.

My teacher told us _____ to go on a picnic.

6) 나는 엄마 생일 선물로 무엇을 사야 할지 모르겠다.

I don' t know _____ to buy for my mom's birthday present.

Kyŏngbokkung

It was nice and cool. I went to Kyŏngbokkung with my grandparents.

There were many foreigners who try to learn about Korean culture.

The palace was so quiet and peaceful that I couldn't believe it is located in the middle of Seoul.

We went to the National Museum inside the palace. My grandfather explained to me our ancestor's life style. It was a very good experience for me.

본문 해석

날짜 : 9월 17일, 일요일
날씨 : 맑음

경복궁

날씨가 맑고 시원했다. 나는 조부모님과 함께 경복궁에 갔다. 한국의 문화를 알려고 애쓰는 많은 외국인들이 있었다. 나는 경복궁이 너무 조용하고 평화로웠기 때문에 서울 한가운데에 위치하고 있다는 것을 믿을 수가 없었다. 우리는 궁 안에 있는 국립 박물관에 갔다. 할아버지께서는 조상들의 생활 방식을 설명해 주셨다. 그것은 나에게 매우 좋은 경험이었다.

English Diary

Date : _____   Weather : _____

_____

_____

_____

_____

_____

_____

_____

_____

_____

_____

★ 쉬운 단어로 자신있게 표현하세요!

New Words

- foreigner 외국인
- be located 위치하다
- in the middle of ~의 한가운데에
- museum 박물관
- explain 설명하다
- ancestor 조상
- experience 경험

Jane Ayre

I read 'Jane Ayre'.
① When I read the book, I felt touched. Jane was an orphan.
② And Jane harshed to her aunt and cousins.
But Jane overcame all hardships. She studied very hard. ③ Jane got married a good man.
I think Jane is worthy to be happy.

New words

- touch   감동시키다
- overcome   이겨내다
- get married to   ~와 결혼하다
- be worthy of   ~하기에 족하다
- orphan   고아
- hardship   고난, 고초

날짜 : 9월 8일, 일요일
날씨 : 바람 붊

잠실중 2년 우지연

제인 에어

나는 제인 에어를 읽었다.
그 책을 읽었을 때, 나는 감동 받았다.
제인은 고아였다. 그리고 숙모와 사촌들에게 학대 받았다.
그러나 제인은 모든 고난을 이겨냈다. 제인은 공부를 열심히 했다. 제인은 좋은 남자와 결혼했다. 나는 제인이 행복할만하다고 생각한다.

① When I read the book, I felt touched.

'내가 그 책을 읽었을 때, 나는 감동 받았다.'

'감동 받았다'는 It touched my heart. 또는 It moved my heart.를 사용합니다.

⇨ When I read the book, it touched my mind.

② And Jane harshed to her aunt and cousins.

'제인은 숙모와 사촌들에게 학대 받았다.'

'학대하다'는 'treat cruelly'나 'ill-treat'로 표현합니다. 이 문장에서는 Jane이 학대한 것이 아니라 '학대 받은 것'이기에 수동태를 써서 표현해야 합니다. 수동태는 'be동사 + 과거 분사'로 표현하며 '~에 의해 ~되어지다'로 해석합니다. 이 때, '~에 의해'는 일반적으로 'by + 목적격' 형태로 나타냅니다.

⇨ Jane was ill-treated by her aunt and cousins.

③ Jane got married good man.

'제인은 좋은 사람과 결혼했다.'

'~와 결혼하다'의 marry는 전치사와 같이 쓰지 않는 타동사입니다. 그러나 우리는 흔히 '~와 같이 결혼하다'의 의미로 marry with를 사용하는 실수를 합니다. 전치사를 쓰고 싶을 때는 get이라는 동사와 전치사 to를 사용하여 'get married to'로 '~와 결혼하다'의 의미를 나타냅니다.

⇨ Jane got married to a good man.

약속 정하기

Micheal : We should set time for a group work.
우리는 그룹 숙제를 위해 시간을 정해야 해.
When do you have a time?
너희들은 언제 시간이 있니?

Sophie : Anytime, except today.
오늘만 빼고 언제나 괜찮아.

Julie : I don't care, I'm free.
나는 상관없어, 나는 자유야.

M : Okay. How about at 3 o'clock this Saturday?
좋아. 이번 주 토요일 세 시는 어때?

S&J : All right.
좋아.

J : Where should we meet?
어디에서 만날까?

M : Why don't we meet in front of the school library?
학교 도서관 앞에서 만나는 것은 어때?

S&J : That's okay. We'll see you then.
좋아. 그럼 그 때 만나자.

S : Don't be late.
늦지 마.

Julie : I had a fever, so I should go to see a doctor.
나는 열이 있어서 병원에 다녀와야 해.
I'm so sorry but shall we make it for later?
미안하지만 약속을 늦출 수 있을까?

Sophie : What time are you possible?
언제 너는 올 수 있니?

J : I can get there by 4 o' clock.
4시까지는 갈 수 있어.

S : Okay. We'll move the time. No worries.
좋아. 우리 시간을 변경하자. 걱정 마.
I'll tell Micheal our new appointment.
내가 미셸에게 우리의 새 약속을 전할게.

J : Thanks a lot. See you then.
고마워. 그럼 그 때 보자.

S : No problem.
천만에.

English Diary

Date : _____   Weather : _____

_____

_____

_____

_____

_____

_____

_____

_____

_____

_____

★ 쉬운 단어로 자신있게 표현하세요!

●◆ ●◆ 영영 사전 보기 ·······························

any[éni]

1) You use any in statements with negative meaning to indicate no thing or person of a particular type exists, is present or is involved in a situation.

114

English Diary

Date :   Weather :

_____

_____

_____

_____

_____

_____

_____

_____

_____

★ 쉬운 단어로 자신있게 표현하세요!

●◇ ●◇ 영영 사전 보기

some[sʌm]

1) You use some to refer to a quantity of something or to a number of people or thing.

2) If you refer to some of the people or things in a group, you mean a few of them but not all of them.

English Diary

Date : _____   Weather : _____

_____

_____

_____

_____

_____

_____

_____

_____

_____

★ 쉬운 단어로 자신있게 표현하세요!

➡✦ ➡✦ 영영 사전 해석 ···

any[éni]

1) 우리는 "any"를 특정한 타입의 사물이나 사람이 존재하지 않거나 참석하지 않
   거나 어떤 상황에 관련되지 않음을 나타내기 위해 부정의 뜻을 가진 서술문에
   서 사용한다.

116

English Diary

Date :   Weather :

_____

_____

_____

_____

_____

_____

_____

_____

_____

_____

★ 쉬운 단어로 자신있게 표현하세요!

➡ ➡ 영영 사전 해석 ···

some[sʌm]

1) 우리는 "some"을 어떤 것의 양 또는 사람이나 사물의 수에 관해 말하기 위해 사용한다.

2) 우리가 그룹 내에 있는 사람이나 사물의 "some"에 관해 이야기한다면 "some"은 그들(그것들)의 모두가 아닌 일부분(조금)을 의미한다.

Climbing

I went climbing Chirisan. It was the first time I travelled with just my dad. We climbed an easy way, but climbing Chirisan was much harder than I had expected. I wanted to give up but I couldn't. I urged myself to go on.

On the way up Chirisan, my father and I talked about many things. I felt my father and I became much closer than before.

At last, we climbed to the top of the mountain. I was proud of myself.

본문풀이

날짜 : 10월 8일, 토요일
날씨 : 시원함

등산

나는 지리산에 등산갔다. 그것은 처음으로 아빠랑 둘이서만 간 여행이었다. 우리는 쉬운 길로 등산했지만 지리산을 오르는 것은 내가 예상했던 것보다 훨씬 더 어려웠다. 나는 산 오르는 것을 포기하고 싶었지만 그러지 않았다. 나는 산을 계속 오르도록 내 자신을 죄어쳤다. 지리산을 오르는 도중 아빠랑 많은 것에 대해 이야기를 했다. 아빠랑 전보다 더 가까워진 것을 느꼈다. 마침내 우리는 지리산 정상에 올랐다. 나는 내 자신이 자랑스러웠다.

English Diary

Date : _____   Weather : _____

_____

_____

_____

_____

_____

_____

_____

_____

_____

★ 쉬운 단어로 자신있게 표현하세요!

New Words

· expect   예상[기대]하다   · give up   포기하다
· urge 쫴치다, 재촉하다   · at last   마침내
· on the way ~하는 도중에
· be proud of ~을 자랑스러워하다

비교급, 최상급

비교급은 둘 또는 둘 이상의 사람이나 사물의 성질, 정도의 차이를 비교할 때 사용하며 '더 ~한'으로 해석합니다. 비교급의 문장은 대부분 '~보다'의 뜻을 나타내는 접속사 than과 함께 쓰입니다. 비교급이 여러 사람이나 사물들 간의 차이를 비교하는데 비해 최상급은 셋 이상의 사람이나 사물 중에서 '가장 ~한'이라는 뜻을 나타내기 위한 표현입니다. 문장 속에서 최상급은 the와 같이 쓰입니다.

비교급은 '형용사의 원급 + -er'로, 최상급은 '형용사의 원급 + -est'로 만듭니다.

만드는 방법	원급	비교급	최상급
원급 + -er / -est	small	smaller	smallest
-e로 끝나는 형용사 + -r / -st	nice	nicer	nicest
'자음 + y'로 끝나는 형용사 y → i + -er / -est	happy	happier	happiest
'단모음 + 단자음'의 형용사 마지막 자음 중복 + -er / -est	big	bigger	biggest

3음절 이상의 형용사나 -ous, -ful, -less로 끝나는 형용사는 앞에 more, most를 붙여 비교급, 최상급을 만든다.

beautiful　—　more beautiful　—　most beautiful
famous　—　more famous　—　most famous

Serah Sue Min-hŭi

Sue is taller than Min-hŭi.
「수는 민희보다 더 키가 크다.」
Serah is the tallest of the three.
「세라는 셋 중에서 가장 키가 크다.」

☝ 의미가 통하도록 다음 문장을 완성하시오.

1) A : Do you feel _____ today ?
   오늘은 몸이 더 좋아졌니 ?

   B : No, I feel _____ .
   아니, 더 나빠진 것 같아.

tortoise   snail   rabbit

2) A tortoise is _____ than a snail.
   거북이는 달팽이보다 더 빠르다.

3) But a tortoise is _____ than a rabbit.
   그러나 거북이는 토끼보다 더 느리다.

4) A rabbit is the _____ of the three.
   토끼가 셋 중에서 가장 빠르다.

5) A motorcycle is much _____ _____ than a bicycle.
   오토바이는 자전거보다 훨씬 더 비싸다.

비교급의 의미를 강조하기 위하여 much, still, far, by far 등을 사용하며, 「훨씬 더 ~한」으로 해석합니다.

Voluntary Work

I do voluntary work at a nursing home.

I visit there twice a month. Usually I talk with the old and help them to walk around. They treat me as their own granddaughter.

I am happy with it. Whenever I visit the nursing home, I think of my grandparents who live in the country.

I'm so sorry I don't visit them often. From now on, I'll try to call on them more often.

본문 해석

날짜 : 10월 20일, 수요일
날씨 : 흐림

자원 봉사

나는 양로원에서 자원 봉사를 한다. 나는 그 곳에 한 달에 두 번씩 간다. 주로 노인분들과 이야기하고 그분들이 산책하시는 것을 돕는다. 할머니, 할아버지들께서 나를 친손녀처럼 대해 주셔서 기쁘다. 나는 양로원에 갈 때마다 시골에 살고 계신 친할머니, 친할아버지를 생각한다. 자주 찾아뵙지 못해서 죄송하다. 지금부터는 더 자주 찾아뵙도록 노력해야겠다.

English Diary

Date : _____   Weather : _____

_____

_____

_____

_____

_____

_____

_____

_____

_____

★ 쉬운 단어로 자신있게 표현하세요!

New Words

- voluntary work   자원 봉사
- nursing home   양로원
- twice a month   한 달에 두 번
- treat A as B   A를 B로서 다루다
- whenever   ~할 때마다   • call on   ~를 방문하다

123

Voluntary Work

I went to the Lapaell, the house for the disabled last week.
① I let Yuri to eat food. ② To be frank, I was terrible Yuri 처음에. But soon I made friends with her. I washed the dishes. It was very hard for me to wash the dishes. But when I came back home, I was happy. I would like to go to the Lapaell again.

New words

- frank   솔직한, 숨김없는
- make frends with ~와 친해지다
- let   ~시키다, ~하게 하다
- dish   접시

잠실중 2년 우지연

지원 봉사실

나는 지난 주에 장애인의 집인 라파엘에 갔다.
나는 유리가 음식을 먹도록 했다.
솔직히 말하면, 처음에는 유리가 두려웠다.
그러나, 나는 곧 유리와 친해졌다.
나는 설겆이를 했다. 설겆이를 하는 것은 나에게 매우 어려운 일이었다. 그러나, 집에 돌아왔을 때, 나는 행복했다. 나는 라파엘에 또 가고 싶다.

① I let Yuri to eat food.

'~에게 ~하도록 시키다' 라고 표현할 때 'let[make] + 목적격 인칭 대명사 또는 사람 이름을 나타내는 고유 명사 + 동사 원형' 형태로 씁니다. 여기에서는 Yuri에게 먹도록 시키는 것이기에 'I let Yu-ri eat some food.' 라고 표현해야 합니다.

let, make 등의 동사를 써서 '~에게 ~하도록 시키다' 라고 표현하는데 이러한 동사를 '사역 동사' 라고 합니다. 사역 동사 다음에 목적격 보어로 오는 동사는 반드시 동사 원형이 와야 합니다.

'let[make] + 목적격 인칭 대명사 또는 사람 이름 + 동사 원형' 은 '~에게 ~하도록 시키다' 로 해석합니다.

⇨ I let Yu-ri eat some food.

「나는 유리에게 약간의 음식을 먹게 해 주었다.」

② To be frank, I was terrible Yuri 처음에.

To be frank는 '솔직히 말하자면' 의 의미이고 '처음에' 는 at first라고 씁니다. 사람에게 terrible(지독한)이라고 쓰는 것은 무례한 표현입니다. 내용상 Yu-ri가 장애인이어서 '두려웠다' 정도로 표현하면 될 듯 합니다. '~가 두렵다' 는 'be scared of' 라고 표현합니다.

⇨ To be frank, I was scared of Yu-ri, at first.

「솔직히 말하자면, 나는 처음에 유리가 두려웠다.」

길 묻기 I

A : Excuse me, how can I get to the city hall?
실례합니다만 시청은 어떻게 가야 하나요?

B : Go straight down this road, and then cross the road.
이 길을 따라 곧장 가세요, 그리고 나서 길을 건너세요.
You can find it.
그럼 찾을 수 있을 거예요.

A : Is it far from here?
여기에서 먼가요?

B : No, it just takes about 5 to 10 minutes
아니오, 5분에서 10분 정도밖에 안 걸려요.

A : Thank you very much.
대단히 고맙습니다.

B : It's my pleasure.
천만에요.

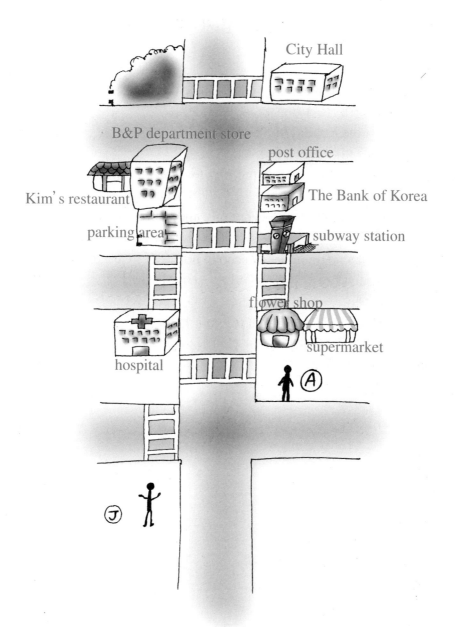

길 묻기 II

J : I got lost, where is it?
길을 잃었어요, 여기가 어디지요?

S : It's the Rundle street.
런들가에요.

J : Could you show me the way to the Kim's restraunt?
킴스 레스토랑에 어떻게 가야 하나요?

S : Go straight two blocks more, and then turn left.
곧장 두 블록 정도 더 가셔서 왼쪽으로 도세요.
Kim's restraunt is the second house. It's easy to find.
킴스 레스토랑은 두 번째 집이에요. 쉽게 찾을 수 있을
거에요.

J : Thank you very much for your help.
도와 주셔서 대단히 감사합니다.

S : That's OK.
천만에요.

City Hall

B&P department store

post office

Kim's restaurant

The Bank of Korea

parking area

subway station

flower shop

hospital

supermarket

Ⓐ

Ⓙ

English Diary

Date : _____   Weather : _____

_____

_____

_____

_____

_____

_____

_____

_____

_____

★ 쉬운 단어로 자신있게 표현하세요!

●◆ ●◆ 영영 사전 보기 ···

exercise[éksəràiz]

1) When you exercise, you move your body in order to get fit and to remain healthy.

2) An exercise is a short activity or piece of work that you do, for example in school, work designed to help you learn a particular skill.

130

English Diary

Date : _____   Weather : _____

_____

_____

_____

_____

_____

_____

_____

_____

_____

_____

_____

★ 쉬운 단어로 자신있게 표현하세요!

➡ ➡ 영영 사전 보기 ··

head[hed]

1) Your head is the top of your body, which has your eyes, mouth, and brain in it.

2) The head of a line of people is the front of it or the first person in the line.

English Diary

Date : _____   Weather : _____

_____

_____

_____

_____

_____

_____

_____

_____

_____

_____

_____

★ 쉬운 단어로 자신있게 표현하세요!

●◆ ●◆   영영 사전 해석

exercise[éksəràiz]

1) "exercise"란 몸매를 바로잡거나 건강을 유지하기 위해 몸을 움직이는 것이다.

2) "exercise"란 (예를 들면 학교에서) 특별한 기술을 익히기 위해 하는 활동, 연습이다.

English Diary

Date : _____   Weather : _____

_____

_____

_____

_____

_____

_____

_____

_____

_____

_____

★ 쉬운 단어로 자신있게 표현하세요!

●◇ ●◇ 영영 사전 해석 ┄┄┄┄┄┄┄┄┄┄┄┄┄┄┄┄┄┄┄┄┄┄┄┄┄

head[hed]

1) "head"는 눈과 입과 뇌가 있는 몸의 가장 윗 부분이다

2) 한 줄로 늘어선 사람들 중의 "head"는 선두 또는 우두머리이다.

Date : *Monday, November 4*
Weather : *Nice & cool*

My Grandfather

I admire my grandfather. He was born in 1927, the poor and colonized times.

But he was an optimist and activist. He studied by himself and went on to a high school. He had to earn money for his tuition. He is 73 years old now but he is still studying.

I think it's not too old to learn but it's not easy.

Also he is very diligent.

I have been learning many things from my grandfather.

본문 해석

날짜 : 11월 4일, 월요일
날씨 : 맑고 시원함

할아버지

나는 할아버지를 존경한다. 할아버지는 가난한 식민지 시대였던 1927년에 태어나셨다.
그러나 할아버지는 낙천주의자이시고 행동주의자이셨다. 할아버지는 독학으로 공부해서 고등 학교에 가셨고 등록금을 버셔야 하셨다. 할아버지는 지금 73살이시지만 아직도 공부하고 계신다. 배우는 데 늦은 나이는 없지만 쉬운 일은 아니라고 생각한다. 또 할아버지는 매우 부지런하시다. 나는 지금까지 많은 것을 할아버지로부터 배우고 있다.

English Diary

Date : _____   Weather : _____

_____

_____

_____

_____

_____

_____

_____

_____

_____

_____

★ 쉬운 단어로 자신있게 표현하세요!

New Words

- admire   존경하다, 칭찬하다
- colonized times   식민지 시대
- optimist   낙천주의자
- by oneself   혼자서   • tuition (fee)   등록금
- too ~ to ~   너무 ~해서 ~할 수 없다

가정법

가정법이란 실제 사실에 대한 반대의 가정이나 실제 사실에 대한 의심을 표현합니다. 가정법은 if(만일 ~라면)를 사용해서 만듭니다. 가정법은 실제 사실에 반대되는 것을 나타내기 때문에 실제 사실이 긍정이면 가정법은 부정으로, 실제 사실이 부정이면 가정법은 긍정으로 표현합니다.

가정법 과거

현재 사실에 반대되는 소망이나 상상, 가정을 나타내는 것으로 '만약 ~라면 ~할 텐데'라고 해석합니다.

> If + 주어 + (동사의 과거형 / were(be동사일 경우)), 주어 + (would, should, could, might) + 동사원형

If I were a bird, I could fly to you. (가정법)
(만약 내가 새라면 너에게 날아갈 수 있을 텐데.)
= As I'm not a bird, I can't fly to you. (직설법)
(나는 새가 아니어서, 너에게 날아갈 수 없다.)

가정법 과거 완료

과거 사실에 반대되는 소망이나 상상, 가정을 나타내는 것으로 '만약 ~했더라면 ~했었을 텐데'라고 해석합니다.

> If + 주어 + had + 과거분사, 주어 + (would, should, could, might) + have + 과거분사

If I had worked harder, I could have finished it. (가정법)
(만약 내가 더 열심히 일했었더라면, 나는 그것을 끝낼 수 있었을 텐데.)
= As I didn't work harder, I couldn't finish it. (직설법)
(나는 더 열심히 일하지 않았기 때문에 그것을 끝낼 수 없었다.)

◎ 다음 문장을 완성하시오.

1) If I _____ rich, I _____ _____ Europe.
   (내가 부자라면, 유럽을 여행할 수 있을 텐데.)

   = _____ I'm _____ rich, I _____ _____ Europe.
   (내가 부자가 아니기 때문에 나는 유럽을 여행할 수 없다.)

2) If he _____ _____ careful, the accident _____

   _____ _____ happened.
   (만일 그가 조심했었더라면 그 사고는 일어나지 않았을 텐데.)
   = As he was not careful, the accident happened.
   (그가 조심하지 않았기 때문에 그 사고가 일어났다.)

3) If I _____ you, I _____ do so.
   (내가 너라면 그렇게 했을 텐데.)

4) As my father doesn't help me, I can't repair my car.
   (아빠가 도와 주지 않기 때문에 나는 내 차를 고칠 수 없다.)

   = If my father _____ me, I _____ _____ my car.
   (만일 아빠가 도와 주셨다면 나는 내 차를 고칠 수 있었을
   텐데.)

The Sticker Photos

I really like to have my sticker photos taken. Today, I went to a new photo shop near my school with my classmate. It opened a few days ago.

There were many new machines which have various backscreens. It's too hard to choose just one backscreen, so we took two different photos.

We each wore a wig and made funny poses. We looked like a Pingky. We had a wonderful time.

본문 해석

날짜 : 11월 25일, 금요일
날씨 : 추움

스티커 사진

나는 스티커 사진 찍는 것을 좋아한다.
오늘 같은 반 친구랑 학교 근처에 새로 생긴 스티커 사진 가게에 갔다. 그 곳은 며칠 전에 개점한 곳이다. 거기에는 다양한 배경 화면이 있는 새로운 기계들이 많이 있었다. 배경 화면을 하나만 고르는 것은 너무 어려운 일이라서 두 종류의 스티커 사진을 찍었다. 우리는 가발을 쓰고 익살스러운 포즈를 취했다. 우리는 핑크족처럼 보였다. 아주 재미있었다.

English Diary

Date : _____   Weather : _____

_____

_____

_____

_____

_____

_____

_____

_____

★ 쉬운 단어로 자신있게 표현하세요!

New Words

- take a sticker photo   스티커 사진을 찍다
- various   다양한   • choose   선택하다, 고르다
- backscreen   배경 화면   • wig   가발
- funny   재미있는, 우스운
- look like   ~처럼 보이다

Date : Tuesday, November 14
Weather : Fine

The Sticker Photos

① I and my friend took some sticker photos because of sticking on the notes or diaries.
We took four sticker photos and looked at them all. I thought they were very funny.
② But they 계속 보니까 they fined.
I hope I take better photos next time.
Anyway, I had a good time.

New words

- take a photo 사진을 찍다
- next time 다음 번
- anyway 어쨌든
- have a good time 즐거운 시간을 보내다

날짜 : 11월 14일, 화요일
날씨 : 맑음

잠실중 2년 우지연

스티커 사진

나는 내 친구랑 노트나 일기장에 스티커 사진을 붙이기 위해 스티커 사진을 몇 장 찍었다.
우리는 스티커 사진 네 장을 찍고 그것들을 보았다.
나는 그 사진들이 매우 우습다고 생각했다.
그러나 계속 보니까 괜찮아졌다.
나는 다음 번에는 더 나은 사진을 찍을 것이다.
어쨌든 즐거운 하루였다.

① My friend and I took some sticker photos because of sticking on the notes or diaries.

'나와 내 친구는 노트나 일기장에 붙이기 때문에 스티커 사진을 찍었다.'

이 문장은 접속사를 사용하였지만 내용의 연결이 자연스럽지 못합니다. 의미상 '붙이기 때문에'가 아니라 '붙이기 위해서'라고 써야 합니다. '~하기 위해서'는 to부정사를 사용해서 표현할 수 있습니다. to부정사는 'to + 동사 원형'으로 만들고 이 문장에서처럼 '~하기 위해'는 목적을 나타내는 to부정사의 부사적 용법입니다.

⇨ My friend and I took some sticker photos to put them on the notes or diaries.

② But they 계속 보니까 they fined.

'그러나 계속 보니까 그것들은 좋아졌다'

이 문장은 '계속 보니까 그것들이 더 좋아졌다'의 의미겠지요?

'the more ~, the more ~(~하면 ~할수록 더욱더 ~해진다)'을 써서 표현해 보면 The more I see them, the more they are fine.이 됩니다.

여기에서 fine은 '좋은'의 의미를 지닌 형용사입니다. they fined.처럼 형용사에 -d를 붙여서 동사를 만들 수 없으며 따라서 동사의 자리에 쓸 수도 없습니다.

go의 여러 가지 용법

go는 기본적으로 '~로부터 움직여가다'의 의미입니다. go는 자기 자신 (주체) 또는 출발점으로부터 멀어져가는 것을 표현합니다. 우리는 흔히 'go'는 '가다', 'come'은 '오다'로 알고 있지만 go는 기준(주체, 출발점)에서 멀어져 다른 곳으로 갈 때에 쓰이고 자신(주체)이 상대방을 향해서 갈 때에는 come을 사용합니다.

1) 가다
   I go to church on Sunday.
   나는 일요일에 교회에 간다.

2) 떠나다
   A : Do you have the time?
       몇 시니?
   B : It's a half past two.
       2시 반이야.
   A : I should go now. I have an appointment at 3 o'clock.
       나는 지금 가야 해. 3시에 약속이 있어.

3) 진행되다
   A : How's your work going?
       요즘 너의 일은 어떠니?(어떻게 지내니?)
   B : I'm just fine.
       좋아.(잘 지내.)

4) 되다

This egg goes bad. We should waste it.
이 달걀이 상했어. 우리는 그것을 버려야 해.

5) 작동하다

A : What's the matter with your watch?
너의 시계에 무슨 문제가 있니?

B : My watch doesn't go.
내 시계가 가질 않아.

6) 사라지다

A : I received my student report today.
나는 오늘 성적표를 받았어.

B : How was it?
어땠어?

A : Just so-so.
그저 그랬어.

I hope test would go away.
나는 시험이 없어져 버렸으면 좋겠어.

7) be going to : ～일 것이다 / ～할 것이다

A : I'm going to go to Paris this summer.
나는 이번 여름에 파리에 갈 거야.

B : That sounds good.
좋겠다.

English Diary

Date : _____   Weather : _____

_____

_____

_____

_____

_____

_____

_____

_____

_____

_____

_____

★ 쉬운 단어로 자신있게 표현하세요!

●➡ ●➡   영영 사전 보기 ···

work[wəːrk]

1) People who work have a job, usually one which they are paid to do.

2) When you work, you spend time and effort doing a task that needs to be done or trying to achieve something.

English Diary

Date : _____   Weather : _____

_____

_____

_____

_____

_____

_____

_____

_____

_____

_____

★ 쉬운 단어로 자신있게 표현하세요!

●◆ ●◆   영영 사전 보기 ···

try[trai]

1) If you try to do something, you want to do it, and you take action which will help
   you to do it.

English Diary

Date : _____   Weather : _____

_____

_____

_____

_____

_____

_____

_____

_____

_____

_____

★ 쉬운 단어로 자신있게 표현하세요!

●◆ ●◆ 영영 사전 해석 ···

work[wəːrk]

1) "work" 하는 사람은 대부분 자신이 하는 일에 대해 보수(돈)를 받는 직업을 가
   진 사람이다.

2) "work" 할 때는 네가 해야 할 필요가 있는 일을 하거나 무언가를 달성하려고
   노력하는 데 시간과 노력을 쏟는다.

English Diary

Date : _____   Weather : _____

_____

_____

_____

_____

_____

_____

_____

_____

_____

★ 쉬운 단어로 자신있게 표현하세요!

●◆ ●◆   영영 사전 해석 ···

try[trai]

1) 네가 무언가를 하려고 "try" 한다는 것은, 네가 그것을 원하고, 그것을 하는
   데 도움이 될 행동을 취한다는 것이다.

My Student Report

I received my student report today.

I had studied much harder than before, so I expected to get good marks this semester.

But the result was just so-so. I feel blue.

I got good marks for English, history and art. But math and science were so terrible. The rest were just O.K.

Even though I didn't get good marks for some subjects, I'd done my best.

I'll study math more during winter vacation.

본문 해석

날짜 : 12월 14일, 토요일
날씨 : 바람 붐

성적표

나는 오늘 성적표를 받았다.
나는 전보다 훨씬 더 열심히 공부했다. 그래서 이번 학기에는 좋은 성적을 받기를 기대했다. 그러나 결과는 그저 그랬다. 나는 우울하다. 영어, 국사, 미술은 성적이 좋았지만 수학, 과학은 정말 못 했다. 나머지는 그저 그랬다. 비록 내가 몇몇 과목에서 좋은 성적을 받지 못했지만 나는 최선을 다했다. 나는 겨울 방학 동안 수학을 좀더 공부할 것이다.

English Diary

Date : _____   Weather : _____

_____

_____

_____

_____

_____

_____

_____

_____

_____

_____

★ 쉬운 단어로 자신있게 표현하세요!

New Words

- student report   성적표
- result   결과
- so-so   그저 그런
- even though   비록 ~일지라도
- receive   받다
- semester   학기
- feel blue   우울하다

조동사 I

　조동사는 문장에서 본동사 앞에 위치하여 그 동사의 의미를 보충 설명하거나 본동사에 「~해야 한다, ~일 것이다」 등과 같은 특별한 의미를 부여하는 역할을 합니다. 조동사 뒤에는 항상 동사의 원형이 와야 하며, 조동사 뒤에 not을 붙여 부정의 의미를 나타냅니다.
　대표적인 조동사로는 will, can, may, must, shall이 있습니다.

	현재형	과거형
조동사	will	would
	can	could
	may	might
	must	×(had to를 씀)
	shall	should

　조동사 will은 「~일 것이다, ~할 것이다」의 미래를 나타내는 표현으로 「be going to + 동사 원형」으로 바꿔 쓸 수 있습니다. will의 과거형인 would는 「~하곤 했다」로 과거의 불규칙적인 습관을 나타냅니다. 과거의 규칙적인 습관에는 「used to + 동사 원형」을 씁니다. will의 과거형인 would가 'Would you ~?'와 같은 의문문에서는 공손한 표현을 나타냅니다.

He would go fishing on the weekend.
「그는 주말에 낚시를 가곤 했었다. - 과거의 불규칙적인 습관」
He used to go church every Sunday.
「그는 일요일마다 교회에 갔었다. - 과거의 규칙적인 습관」
　can은 「~할 수 있다」의 능력을 나타내는 표현으로 「be able to + 동사 원형」으로 바꿔 쓸 수 있습니다.

☞ 다음 문장을 완성하시오.

1) He can carry the heavy suitcase.
   그는 그 무거운 여행 가방을 나를 수 있다.

   = He _____ _____ _____ carry the heavy suitcase.

2) They _____ _____ _____ on every Sunday morning.
   그들은 일요일 아침마다 조깅을 했었다.

3) He _____ _____ under a big tree on the hill.
   그는 언덕 위의 큰 나무 아래 앉아 있곤 했었다.

4) I _____ learn how to swim during this summer vacation.
   나는 올 여름 방학에 수영을 배울 것이다.

   = I _____ _____ _____ learn how to swim during
   this summer vacation.

5) _____ you like a cup of coffee?
   커피 한 잔 하시겠어요?

Broadcasting Studio

My uncle, a producer of the TV dramas, gave me two free tickets for a music concert. I went to the broadcasting studio two hours before the concert time with my friend. My uncle showed us the recording studios for live concerts and TV dramas. After seeing them, we left for the concert hall.

On the way to the concert hall, we met the group, H.O.T. We were the H.O.T maniac, so we asked them to write their signatures on our memo-pad. We also took a picture with them. It was the greatest day of my life.

본문 해석

날짜 : 12월 27일, 화요일
날씨 : 눈

방송국

TV 드라마 PD인 삼촌은 음악회 공짜 티켓 두 장을 나에게 주셨다. 나는 친구랑 콘서트가 시작하기 두 시간 전에 방송국에 갔다. 삼촌은 우리에게 라이브 콘서트와 TV 드라마 녹화실을 보여 주셨다. 녹화실들을 구경한 후에 우리는 콘서트 홀로 떠났다. 콘서트 홀로 가는 길에 우리는 H.O.T를 만났다. 우리는 H.O.T팬이어서 메모지에 싸인을 부탁했다. 또 사진도 찍었다. 오늘은 내 생애의 최고의 날이었다.

English Diary

Date : _____   Weather : _____

_____

_____

_____

_____

_____

_____

_____

_____

_____

★ 쉬운 단어로 자신있게 표현하세요!

New Words

- producer   연출자
- recording studio   녹화실
- maniac   열광적인 팬
- memo-pad   메모지
- signature   서명, 싸인

조동사 II

「~할 것이다」의 미래는 will로, 「~할 수 있다」의 능력이나 「~해도 좋다」의 허락·허가는 조동사 can을 씁니다.

「~해야 한다」의 의무를 나타낼 때는 조동사 must를 쓰고 have(has) to로 바꿔 쓸 수 있습니다.

조동사 must는 과거형이 없기 때문에 「~해야만 했었다」로 과거를 나타낼 때는 have to의 과거형인 had to를 써야 합니다.

You must keep the traffic rules. (의무)

「너는 교통 규칙을 지켜야 한다.」

may는 「~일지도 모른다」의 약한 추측과 「~해도 좋다」의 허락·허가를 나타낼 때 쓰입니다.

「~임에 틀림없다」의 강한 추측에는 must be를 사용합니다. 강한 추측을 나타내는 must be의 부정은 can not be이고 「~일 리가 없다」로 해석합니다.

May I use your telephone? (허락, 허가)

「댁의 전화를 써도 될까요?」

He may go to the movies tonight. (약한 추측)

「그는 오늘 밤 영화 보러 갈지도 모른다.」

She must be an American. (강한 추측)

「그녀는 틀림없이 미국인이다.」

She can not be an American. (강한 추측의 부정)

「그녀는 미국인일리가 없다.」

shall의 과거형 should는 「~해야 한다」로 의무나 필요를 나타낼 때 쓰입니다.

We should keep the promise.

「우리는 약속을 지켜야 한다.」

☞ 다음 문장을 완성하시오.

1) He _____ _____ rich to buy such an expensive car.
   그렇게 비싼 차를 사다니 그는 부자임에 틀림없다.

2) He _____ _____ a teacher.
   그는 선생님일지도 모른다.

3) _____ I use your computer?
   네 컴퓨터 좀 사용해도 되니?

   Yes, you _____. 응, 사용해.

   No, you _____ _____. 아니, 사용하지 마.

4) I _____ go to the gym tomorrow.
   나는 내일 체육관에 갈지도 몰라.

5) Su-san starts to work at 07:00, so she _____ _____ get
   up at 06:00.
   수잔은 7시에 일을 시작해야 하기에 6시에 일어나야 한다.

6) You look tired. You _____ go to bed.
   너 피곤해 보인다. 잠 좀 자야 한다.

7) I had a cold, so I _____ go to the doctor.
   나는 감기에 걸려서 병원에 가야 한다.

Date : Saturday, December 18
Weather : Cold

Broadcasting Studio

I went to the broadcasting studio.
① When I got to, it was twelve-forty.
Many people came to the broadcasting studio.
I met my aunt, and we drank hot chocolate.
② And then I went to the wait room.
I met a lot of performers. I was happy.

New words

- broadcasting studio   방송국
- waiting room   대기실
- performer   공연하는 사람

날짜 : 12월 18일, 토요일
날씨 : 추움

잠실중 2년 우지연

방송국

나는 방송국에 갔다. 내가 그 곳에 도착했을 때 12시 40분이었다. 많은 사람들이 방송국에 왔다. 나는 숙모를 만나서 코코아를 마셨다.
그리고 나서 대기실에 갔다. 나는 많은 공연자들을 만났다. 난 행복했다.

① When I got to, it was twelve-forty.

　get는 '~에 도착하다'의 의미입니다. get 다음에는 '~에'에 해당되는 장소가 와야 하는데 이 문장에는 빠져 있지요? 방송국(broadcasting studio)에 도착했다는 의미이지만 앞 문장에서 방송국이 나와 있기 때문에 중복을 피하기 위해 방송국 대신에 장소를 나타내는 부사 there(그 곳)을 써 주는 것이 자연스럽습니다.

　⇨ When I got there, it was twelve-forty.

② And then I went to the wait room.

　went to(~에 갔다)라는 말 뒤에 장소를 나타내는 말이 와야 하는데, 대기실은 wait room이 아니라 waiting room을 써야 합니다. 여기에서 waiting은 '~을 위한'의 목적을 나타내는 동명사입니다. 동명사는 「동사원형 + ing」의 형태로 동사에서 파생되었지만 명사의 역할(주어, 목적어, 보어의 역할)을 합니다.

　went to 다음에 오는 장소는 한정된 장소를 의미하기에 정관사 the를 사용하여 went to the waiting room이라고 씁니다.

　⇨ And then I went to the waiting room.

come의 여러 가지 용법

우리가 흔히 '오다'로 알고있는 come은 기본적으로 '어떤 방향(목적지)으로 가다'의 의미를 지니고 있습니다.
go가 출발지(기준)로부터 멀어져 다른 곳으로 가는 것을 나타내는 반면에 come은 도착지(목적지)를 향해 가는 것을 나타낼 때 사용합니다

1) (목적지를 향해) 가다

M : Susan, Mom is coming. Where are you?
　　수잔, 엄마 왔다. 어디 있니?
S : I'm in the kitchen. I'm coming now.
　　부엌에 있어요. 지금 가요.

2) 방문하다

A : Loren will come to my house tonight.
　　로렌이 오늘 저녁에 우리 집에 올 거야.
　　Will you join us?
　　너도 올래?
B : I would like to go.
　　나도 가고 싶어.

3) 도착하다

A : When will you come back?
언제 돌아올 거니?

B : Maybe in an hour.
아마 한 시간쯤 후에.

4) ~ 출신이다

A : Where did you come from?
너는 어디에서 왔니?

B : I came from Chicago.
나는 시카고 출신이야.

English Diary

Date : _____   Weather : _____

_____

_____

_____

_____

_____

_____

_____

_____

_____

_____

★ 쉬운 단어로 자신있게 표현하세요!

●◆ ●◆　영영 사전 보기 ⋯⋯⋯⋯⋯⋯⋯⋯⋯⋯⋯⋯⋯⋯⋯⋯⋯⋯

move[muːv]

1) When you move something or when it moves, its position changes and it does not remain still.

2) If something moves you, it has an effect on your emotions and causes you to feel sadness or sympathy for another person.

English Diary

Date : _____   Weather : _____

_____

_____

_____

_____

_____

_____

_____

_____

_____

★ 쉬운 단어로 자신있게 표현하세요!

●◦ ●◦   영영 사전 보기 ···

date[deit]

1) A date is a specific time that can be named, for example, a particular day or a
particular year.

English Diary

Date : _____   Weather : _____

_____

_____

_____

_____

_____

_____

_____

_____

_____

_____

★ 쉬운 단어로 자신있게 표현하세요!

➡ ➡ 영영 사전 해석 ··

move[muːv]

1) 네가 무엇을 "move"하거나 그것이 "move"할 때 그것은 위치가 바뀌는 것이고, 움직이는 것이다.

2) 무언가가 너를 "move"한다는 것은, 그것이 너의 감정에 영향을 미쳐서 네가 다른 사람에 대해 슬픔이나 동정을 느끼게 하는 것이다.

English Diary

Date : _____   Weather : _____

_____

_____

_____

_____

_____

_____

_____

_____

_____

_____

★ 쉬운 단어로 자신있게 표현하세요!

●◆ ●◆ 영영 사전 해석 ···

date[deit]

1) "date"는 특정한 날짜나 연대(年代)이다.

Sledging

I went to the amusement park to ride a sledge.

Riding a sledge is a very popular sport in winter season, so the amusement park was very crowded.

There are not any special rules in sledging.

I think sledging is a much better winter sport than skiing.

Skiing needs various skills and costs a lot, but sledging is cheap and it is easy to learn.

I rode over ten times in a day. Waiting in line was not easy but sledging was pleasant.

본문 해석

날짜 : 1월 10일, 토요일
날씨 : 추움

눈썰매

나는 눈썰매를 타러 놀이 공원에 갔다. 눈썰매 타기는 겨울에 매우 인기있는 스포츠여서 놀이공원은 매우 붐볐다. 눈썰매 타는 데에는 특별한 규칙이 없다. 나는 눈썰매가 스키보다 더 나은 겨울철 스포츠라고 생각한다. 스키는 많은 비용과 기술이 필요하지만 눈썰매는 비용이 적게 들고 쉽게 배울 수 있다. 나는 하루에 10번 이상 탔다. 줄을 서서 차례를 기다리는 것이 쉽지는 않았지만 눈썰매 타기는 즐거웠다.

English Diary

Date : _____ Weather : _____

_____
_____
_____
_____
_____
_____
_____
_____
_____
_____

★ 쉬운 단어로 자신있게 표현하세요!

New Words

- amusement park 놀이 공원
- sledge   눈썰매
- various   다양한
- cheap   값싼
- crowded   붐비는, 혼잡한
- cost   비용이 들다
- easy   쉬운

수동태 Ⅰ

능동태는 주어가 직접 어떤 행동을 하는 데 사용하고 주어가 어떤 상태로 되어지거나 행동을 받는 경우에는 수동태를 사용합니다. 수동태는 대부분「~가 ~에 의해 ~되다(되어지다)」로 해석합니다. 수동태의 기본 형태는「be + 과거 분사 + by + 목적격」인데「by + 목적격」은 생략이 가능하고, 의미에 따라 by 대신 of, to, for 등의 전치사를 사용하기도 합니다.

I clean the room everyday.(능동태)

The room is cleaned by me everyday.(수동태)
　　　(be + 과거 분사)

〈능동태를 수동태로 고치는 법〉
　1) 능동태의 목적어를 수동태의 주어로 하고,
　2) 수동태의 동사는「be + 과거 분사」형태로 바꾸고, 시제를 나타내는 be동사는 능동태의 시제와 일치시킵니다.(능동태의 시제가 현재면 수동태의 시제도 현재로, 능동태의 시제가 과거면 수동태의 시제도 과거로 만들어 줍니다.)
　3) 능동태의 주어를 목적격으로 바꾸어서「by+목적격」으로 만들어 '-에 의해'의 의미를 나타내 줍니다.

Evan broke the window.
「에반은 창문을 깼다.」
⇨ The window was broken by Evan.
「창문은 에반에 의해 깨졌다.」
She writes a letter.
「그녀는 편지를 쓴다.」
⇨ A letter is written by her.
「편지는 그녀에 의해 쓰여진다.」

166

☞ 다음 능동태 문장을 수동태로 바꾸시오.

1) Su-jin opened the window.
   수진은 창문을 열었다.

   ⇨ The window _____ _____ by Su-jin.

2) 나는 서울에서 태어났다.

   ⇨ I _____ _____ in seoul.
   '태어나다' 는 항상 수동태인 be born으로만 쓰입니다.

3) Ann loves Tom.
   앤은 톰을 사랑한다.

   ⇨ Tom _____ _____ by Ann.

4) He invited Sue to the party.
   그는 수를 파티에 초대했다.

   ⇨ Sue _____ _____ to the party by _____.

5) Columbus discovered the America.
   콜럼버스는 미국을 발견했다.

   ⇨ The America _____ _____ by Columbus.

A Happy New Year

Today is the first day of the new year by the lular calendar.

We came to my grandparents' house yesterday.

It took over 7 hours by car. Traffic jam was so terrible. Other uncles' families came as well.

We bowed to our elders. They said to us their new year's greetings and then gave us pocket money. I played traditional games with my cousins. I wish you a happy new year!!!!

본문 해석

날짜 : 1월 28일, 목요일
날씨 : 추움

행복한 새해

오늘은 음력으로 새해 첫날이다. 우리는 어제 조부모님댁에 왔다. 차로 7시간 이상이 걸렸다. 교통 체증이 아주 심했다. 다른 삼촌 가족들도 왔다. 우리는 어른들께 세배를 했다. 어른들은 우리에게 덕담을 해 주셨다. 그리고 난 후에 세뱃돈을 주셨다. 나는 사촌들과 전통 놀이를 했다. 새해 복 많이 받으세요!

English Diary

Date : _____   Weather : _____

_____

_____

_____

_____

_____

_____

_____

_____

_____

★ 쉬운 단어로 자신있게 표현하세요!

New Words

- lular calendar   태음력(음력 달력)
- traffic jam   교통 체증
- bow   절하다, 세배하다
- greeting   인사;인사말
- pocket money   용돈

Sŏllal

It was *Sŏllal* today.

Many people came to my house.

① Because my father is the oldest brother in his family. I bowed to my elders in the morning. ② And I get money 그 대가로. I was happy. I ate lots of food and watched TV. There were many show programs on TV.③ But I was boring.

New words

- oldest   가장 나이가 많은
- eldest   가장 나이가 많은(가족 내에서)
- bow   절하다   • in return   대가로
- lots of   많은   • boring   지루한

날짜 : 1월 29일, 토요일
날씨 : 눈

잠실중 2년 우지연

설날

오늘은 설날이다.
많은 사람들이 우리집에 왔다.
왜냐 하면 아빠가 가족 중에서 장남이시기 때문이다.
나는 어른들께 세배를 하고 그 대가로 세뱃돈을 받았다.
나는 행복했다. 많은 음식을 먹고 TV를 보았다.
TV에서는 많은 쇼 프로그램이 방영되었다.
그러나 난 지루했다.

① Because my father is the oldest brother in his family.

'왜냐 하면 아빠는 가족 중에서 장남이시기 때문이다.'

'가장 ~한'의 최상급은 형용사의 원급에 est를 붙여서 나타냅니다. 문장 속에서 최상급이 쓰일 때는 보통 'the + 최상급'의 형태로 쓰입니다.

oldest는 '가장 나이 든'의 의미입니다. 이 oldest는 가족 내에서가 아니라 보통 막연하게 나이가 가장 많이 들었다는 의미로 쓰입니다. 그러나 서열이 분명한 혈연 관계 즉 가족 내에서 '가장 나이 든'은 'the eldest'로 표현해야 합니다.

장남은 the eldest brother로, 장녀는 the eldest sister로 나타냅니다.

⇨ Because my father is the eldest brother in his family.

② And I get money 그 대가로.

'그 대가로'는 '답례'의 의미인 return을 써서 'in return'으로 표현합니다. 앞 문장들이 모두 과거로 표현되어 있으니 이 문장도 get(현재 시제) 대신 got(과거 시제)를 써서 시제를 일치시켜 주어야 합니다.

⇨ And I got money in return.

③ But I was boring.

'그러나 난 지루했다.'

boring과 bored는 모두 '지루한'이라는 의미를 가지고 있습니다. 그러나 사물이 주어일 때에는 boring(현재 분사)을, 사람이 주어일 때에는 bored(과거 분사)를 써야 합니다. 이런 형용사에는 interesting, exciting 등이 있습니다.

⇨ But I was bored.

전화

A : Hello.
여보세요.

S : Hello, May I speak to Joan?
여보세요, 조안이랑 통화할 수 있어요?

A : Hold on, please.
잠깐만 기다리세요.

J : This is Joan. Who's calling, please?
조안입니다. 누구세요?

S : Hi, Joan. This is Serah speaking.
안녕, 조안. 나 세라야.

J : Hi, Serah. How's it going?
안녕, 세라. 어떻게 지내니?

S : I'm just fine. And you?
잘 지내. 너는?

J : Thanks. Couldn't be better.
고마워. 잘 지내고 있어.

S : I'm bored. Do you have a time?
나 심심해. 너 시간 좀 있니?

J : Yes. Will you come to my house?
물론. 네가 우리 집으로 올래?

S : Okay, I'll be there soon. thanks. Bye.
좋아, 내가 곧 갈게. 고마워. 안녕.

J : Bye. 안녕.

M : Hello.
여보세요.

L : Hello, I'd like to speak to Alice.
여보세요, 앨리스랑 통화할 수 있을까요?

M : Sorry, but she's not in at the moment.
미안하지만 지금 그녀는 없어요.

L : Do you know when she will be back?
그녀가 언제 돌아올지 아세요?

M : In an hour. Can I take your message?
한 시간 후에요. 메시지를 남기시겠어요?

L : Just tell her Loren called, please.
그녀에게 로렌에게서 전화왔었다고만 전해 주세요.

M : Okay, I'll tell her.
예, 그녀에게 전할게요.

L : Thanks. Bye.
고마워요. 안녕히 계세요.

English Diary

Date : _____   Weather : _____

_____

_____

_____

_____

_____

_____

_____

_____

_____

★ 쉬운 단어로 자신있게 표현하세요!

●◆ ●◆ 영영 사전 보기 ·····································

turn[tə:rn]

1) When you turn or when you turn part of your body you move your body or part of
   your body so that it is facing in a different or opposite direction.

174

English Diary

Date : _____   Weather : _____

_____

_____

_____

_____

_____

_____

_____

_____

_____

_____

★ 쉬운 단어로 자신있게 표현하세요!

●◆ ●◆　영영 사전 보기

game[geim]

1) A game is an activity or sport usually involving fixed rules and try to win against an opponent or to solve a puzzle.

English Diary

Date : _____   Weather : _____

_____

_____

_____

_____

_____

_____

_____

_____

_____

_____

★ 쉬운 단어로 자신있게 표현하세요!

●➡ ●➡   영영 사전 해석 ···

turn[təːrn]

1) 네가 "turn" 한다는 것은 너의 몸이나 너의 몸 일부를 다른 방향이나 반대 방향
   으로 움직인다는 것이다.

English Diary

Date : _____   Weather : _____

_____

_____

_____

_____

_____

_____

_____

_____

_____

★ 쉬운 단어로 자신있게 표현하세요!

➡ ➡ 영영 사전 해석 ··

game[geim]

1) "game"은 보통 정해진 규칙이 있고, 상대방을 이기거나 문제를 풀기 위해
   노력하는 활동이나 운동이다.

Valentine's Day

Today is Valentine's Day. I made three pieces of heart-shaped chocolate a week ago. And I kept them in the refrigerator. One is for my father, another is for my younger brother and the other is for my boy friend. At first, I was thinking of buying chocolate. But I decided to make it. Buying is not as sincere as making. Also I bought a bundle of rose to give to my boy friend. He was really happy. It made me happy, too.

본문 해석

날짜 : 2월 14일, 금요일
날씨 : 맑음

발렌타인 데이

오늘은 발렌타인 데이이다. 나는 일 주일 전에 세 조각의 하트 모양 초콜릿을 만들어서 냉장고에 넣어 두었다. 하나는 아빠 것이고, 다른 하나는 남동생 것이고 나머지 하나는 남자 친구 것이다.
처음에는 초콜릿을 살까 생각했지만 그것은 정성스럽지 못한 것 같아서 만들기로 결심했다. 또한 나는 내 남자 친구에게 주기 위해 장미 한 다발을 샀다. 그는 정말로 행복해했다. 그걸 보니 나 역시도 행복했다.

English Diary

Date : _____   Weather : _____

_____

_____

_____

_____

_____

_____

_____

_____

_____

_____

★ 쉬운 단어로 자신있게 표현하세요!

New Words

- refrigerator   냉장고
- three pieces of chocolate 세 조각의 초콜릿
- one, another, the other (셋 중에서) 하나는, 다른 하나는, 나머지 하나는
- sincere   정성스러운
- a bundle of rose 장미 한 다발

수동태 II

「~가 ~에 의해 ~되다(되어지다)」를 나타내는 수동태는 능동태의 목적어를 수동태의 주어로 하여 만듭니다. 그러나, 이 때 능동태의 목적어가 2개인 경우 즉, 간접 목적어(I.O)와 직접 목적어(D.O)가 있는 4형식 문장의 경우에는 2개의 수동태 문장을 만들 수 있습니다. 그러나 수여동사 중 buy, make, write, bring, read, pass, sing, send 등은 간접 목적어를 주어로 하여 수동태 문장을 만들면 부자연스럽기 때문에 이를 피합니다.

My father made me a kite.
⇨ I was made a kite by my father. (×)
(능동태의 간접목적어(I.O)를 주어로)
⇨ A kite was made (for) me by my father. (○)
(능동태의 직접목적어(D.O)를 주어로)

I gave her a gift.
⇨ She was given a gift by me.
(능동태의 I.O를 주어로 하여)
⇨ A gift was given (to) her by me.
(능동태의 D.O를 주어로 하여)

지각동사(see, hear, feel, smell, taste 등)와 사역동사(make)의 수동태는 지각동사, 사역동사 뒤에 쓰인 원형동사를 to부정사로 바꿉니다.
I saw him enter the room.
⇨ He was seen to enter the room by me.

My mother makes us clean the room.
⇨ We are made to clean the room by my mother.

☞ 다음 능동태를 수동태로 바꾸시오.

1) My teacher gave me a book.
   선생님은 나에게 책을 주셨다.

   ⇨ I _____ _____ a book by _____ _____.

   ⇨ A book _____ _____ me by my teacher.

2) I heard Serah play the piano.
   나는 세라가 피아노 치는 것을 들었다.

   ⇨ Serah _____ _____ _____ play the piano by me.

3) My mom bought me a nice coat.
   엄마가 나에게 좋은 코트를 사 주셨다.

   ⇨ A nice coat _____ _____ me by _____ _____.

4) My mom made me wash my hands before meals.
   엄마는 나에게 밥 먹기 전에 손을 씻도록 시키셨다.

   ⇨ I _____ _____ _____ wash my hands before
   meals by my mom.

My Dream

My mom has worked as a volunteer at an orphans' home

for five years. I sometimes followed her to the home.

When ever I visit there, I meet a social worker.

She is really kind and generous to the orphans.

Her attitude touched my mind. Like her, I want to be a

social worker who helps other people – especially orphans.

I hope my dream will come true.

본문 해석 ♨

날짜 : 2월 24일, 월요일
날씨 : 흐림

나의 장래 희망

엄마는 5년 동안 고아원에서 자원 봉사일을 해오시고 계신다. 나는 가끔 엄마를 따라 그곳에 갔다. 내가 그곳에 갈 적마다 나는 사회복지사 한 분을 만난다. 그녀는 고아들에게 정말로 친절하고 자상하시다. 그녀의 태도는 내 마음을 감동시켰다. 그녀처럼 나는 다른 사람들-특히 고아들을 돕는 사회복지사가 되고 싶다. 내 꿈이 이루어지길 바란다.

English Diary

Date : _____   Weather : _____

_____

_____

_____

_____

_____

_____

_____

_____

_____

★ 쉬운 단어로 자신있게 표현하세요!

New Words

- volunteer   자원 봉사자
- orphan   고아   • social worker   사회복지사
- generous   자상한   • touch   감동시키다
- attitude   태도
- come true   꿈이 실현되다

Valentine's Day

Today was Valentine' s Day.
① But I was a unhappy day.
I was sad.
I hope I have a boyfriend.
Next year, I' ll give someone chocolate.
② My friend gave chocolate her boyfriend.
I envy her.

New words

- Valentine's Day   발렌타인 데이
- unhappy   행복하지 않은, 불행한
- hope   바라다, 희망하다
- envy   부러워하다

날짜 : 2월 14일, 월요일
날씨 : 추움

잠실중 2년 우지연

발렌타인 데이

오늘은 발렌타인 데이였다.
나에게는 불행한 날이었다. 나는 슬펐다.
나는 남자 친구가 생기기를 바란다.
내년에는 누군가에게 초콜릿을 줄 것이다.
내 친구는 남자 친구에게 초콜릿을 주었다.
나는 그 아이가 부러웠다.

① But I was a unhappy day.

'나에게 불행한 날이었다.'

이 문장은 I(내)가 unhappy day(불행한 날)이라고 쓰여져 있습니다. '내' 가 '날' 이 될 수 있습니까?

여기에서 '날' 과 같이 시간을 나타낼 때에는 비인칭 주어 It를 주어로 하여 표현합니다.

문장의 의미상 불행한 사람은 '나' 입니다. '나' 와 같은 의미상의 주어는 'for + 목적격 인칭 대명사' 를 써서 나타냅니다.

unhappy와 같이, 발음할 때 모음으로 시작하는 형용사 앞에는 부정관사 는 an을 붙여 'an unhappy day' 로 씁니다. 발음상 자음으로 시작되는 형 용사 앞에서 '하나의' 의 의미를 나타내기 위해 'a + 형용사 + 명사' 를 사 용합니다.

⇨ It was an unhappy day for me.

② My friend gave chocolate her boyfriend.

'~에게 ~을 주었다' 는 'give + 목적격 인칭 대명사 + 목적어' 의 형태 로 써야 합니다.

her boyfriend와 같은 목적격 인칭 대명사를 뒤로 보낼 때는 'to + 목적 격 인칭 대명사(to her boyfriend)' 의 형태가 되어야 합니다.

⇨ My friend gave chocolate to her boyfriend.

'내 친구는 남자 친구에게 초콜릿을 주었다.'

식당에서

A : How large is your group?
    몇 명이세요?

B : (A table for) four, please
    네 사람인데요.

A : Do you prefer smoking to non-smoking?
    금연석을 원하세요?

B : Non-smoking, please.
    예, 금연석으로 주세요.

A : This way, please.
    이쪽으로 오세요.
    Here are the menus.
    메뉴 여기 있습니다.

\<minutes later (몇 분 후)\>

A : Are you ready to order?
    주문하시겠습니까?

B : I´ll have the steak.
    스테이크로 주세요.

A : How would you like your steak?
    스테이크는 어떻게 해 드릴까요?

B : I want well-done steak, please.
    바삭하게 구워주세요.

< after meal (식사 후에) >

A : Did you enjoy your meal?
맛있게 드셨습니까?
B : That was excellent!
정말 맛있었어요.
A : Would you like some desserts?
디저트 드시겠어요?
B : No, thanks. I had enough.
아니오, 괜찮습니다. 많이 먹었습니다(배 불러요).
Check, please.
계산서 좀 주세요.

패스트푸드점에서

A : May I take your order?
주문하시겠어요?
B : Yes, I'll have a cheese burger set and a pulgogi burger set.
예, 치즈 버거 세트와 불고기 버거 세트요.

A : Anything else?
그 밖의 다른 것은요?

B : No, thanks.
아니오, 됐어요.

A : For here or to go?
여기서 드시겠어요? 가지고 가시겠어요?

B : To go, please.
가지고 갈 거예요.
And can I have a wet towel?
물수건 좀 주시겠어요?

A : Sure. Here you are.
예. 여기 있습니다.

B : Thanks. 고맙습니다.

English Diary

Date : _____ Weather : _____

_____

_____

_____

_____

_____

_____

_____

_____

_____

_____

★ 쉬운 단어로 자신있게 표현하세요!

➡ ➡ 영영 사전 보기

about[əbaut]

1) You use about to introduce who or what something relates to or concerns.

2) About is used in front of a number to show that the number is not exact.

English Diary

Date : _____   Weather : _____

_____

_____

_____

_____

_____

_____

_____

_____

_____

_____

★ 쉬운 단어로 자신있게 표현하세요!

●◆ ●◆   영영 사전 보기   ···

end[end]

1) The end of something such as a period of time, and event, a book or a film is the
   last part of it or the final point in it.

English Diary

Date : _____   Weather : _____

_____

_____

_____

_____

_____

_____

_____

_____

_____

★ 쉬운 단어로 자신있게 표현하세요!

➡➡ ➡➡ 영영 사전 해석 ┈┈┈┈┈┈┈┈┈┈┈┈┈┈┈┈┈┈┈┈┈┈┈┈┈┈┈┈┈┈┈

about[əbaut]

1) 우리는 "about"를 (사람이나 사물에) 관하여 [대하여] 소개하기 위해 사용한다.

2) "about"는 숫자 앞에 사용되어 그 숫자가 정확하지 않음을 나타낸다.

English Diary

Date : _____   Weather : _____

_____

_____

_____

_____

_____

_____

_____

_____

_____

_____

★ 쉬운 단어로 자신있게 표현하세요!

●◆ ●◆   영영 사전 해석 ··

end[end]

1) "the end"는 기간 · 사건 · 책 · 영화 같은 것의 결말이나 끝을 말한다.

빈칸 메우기
해답편

1. 과거 시제

1) read
2) lost
3) bought
4) became
5) wrote
6) felt
7) kept

2. 관사

1) a, the
2) a, The
3) a, the
4) the

3. 수여 동사

1) a present to me
2) the album to me
3) a dress for me
4) many questions of me
5) music to us
6) a cake for him

4. 관계 대명사 I

1) I met a man who speaks five languages.

2) I have a friend whose brother is a famous actor.

3) I met a boy whom my father gave many books.

4) They have a son who is so smart.

5. 관계 대명사 Ⅱ

1) This is the same purse that I lost yesterday.

2) Evan is wearing a hat which[that] is too small for him.

3) That is the house which he lives in. 또는 That is the house in which he lives.

4) I visited a country of which[whose] cities are very clean.

6. 시제 일치

1) was
2) discovered
3) is
4) gets
5) had been
6) is(are)
7) was painting

7. 현재완료 Ⅰ

1) have, finished
2) have, seen
3) has, taken
4) has, finished
5) has, learned
6) have, read

8. 현재완료 Ⅱ

1) has lost
2) has been
3) lived
4) never played
5) has gone
6) has been

9. 의문사+to 부정사

1) how
2) where
3) what
4) how
5) when
6) what

10. 비교급, 최상급

1) better, worse
2) faster
3) slower
4) fastest
5) more expensive

11. 가정법

1) were, could travel, As, not, can't travel
2) had been, would not have
3) were, would
4) helped, could repair

12. 조동사 I

1) is able to
2) used to jog
3) would sit
4) will, am going to
5) Would

13. 조동사 II

1) must be
2) may be
3) May, may, may not
4) may
5) has to
6) should 또는 must
7) should 또는 must

15. 수동태 II

1) was given, my teacher, was given
2) was heard to
3) was bought, my mom
4) was made to

14. 수동태 I

1) was opened
2) was born
3) is loved
4) was invited, him
5) was discovered

영어일기 2

· 인쇄 / 2004. 7. 5
· 발행 / 2004. 7. 15
· 저자 / 황금두뇌 편집부
· 펴낸이 / 이은숙
· 펴낸곳 / 황금두뇌
· 등록 / 1999.12. 3. 제 9-00063호
· 주소 / 서울 강북구 수유동 461-12
· 전화 / (02) 987-4572
· 팩스 / (02) 987-4573